看新聞
Economics Lessons in the News
學經濟

25則實用報導，
教你活用經濟學

翁志強——編著

出 版 心 語

　　近年來，全球數位出版蓄勢待發，美國從事數位出版的業者超過百家，亞洲數位出版的新勢力也正在起飛，諸如日本、中國大陸都方興未艾，而臺灣卻被視為數位出版的處女地，有極大的開發拓展空間。植基於此，本組自2004 年 9 月起，即醞釀規劃以數位出版模式，協助本校專任教師致力於學術出版，以激勵本校研究風氣，提昇教學品質及學術水準。

　　在規劃初期，調查得知秀威資訊科技股份有限公司是採行數位印刷模式並做數位少量隨需出版（POD＝Print On Demand）（含編印銷售發行）的科技公司，亦為中華民國政府出版品正式授權的 POD 數位處理中心，尤其該公司可提供「免費學術出版」形式，相當符合本組推展數位出版的立意。隨即與秀威公司密集接洽，雙方就數位出版服務要點、數位出版申請作業流程、出版發行合約書以及出版合作備忘錄等相關事宜逐一審慎研擬，歷時 9 個月，至 2005 年 6 月始告順利簽核公布。

執行迄今，承蒙本校謝董事長孟雄、陳校長振貴、歐陽教務長慧剛、藍教授秀璋以及秀威公司宋總經理政坤等多位長官給予本組全力的支持與指導，本校諸多教師亦身體力行，主動提供學術專著委由本組協助數位出版，數量逾 60 本，在此一併致上最誠摯的謝意。諸般溫馨滿溢，將是挹注本組持續推展數位出版的最大動力。

　　本出版團隊由葉立誠組長、王雯珊老師以及秀威資訊科技股份有限公司出版部編輯群為組合，以極其有限的人力，充分發揮高效能的團隊精神，合作無間，各司統籌策劃、協商研擬、視覺設計等職掌，在精益求精的前提下，至望弘揚本校實踐大學的辦學精神，具體落實出版機能。

實踐大學教務處出版組　謹識

2015 年 10 月

自 序

　　根據2014年11月間的平面媒體報導，清華大學自1999年開始，連續14年追蹤校內兩千多名以學測成績申請入學學生的表現，發現英文科成績和學業成就呈「正相關」，學測成績愈高，大學四年畢業成績排名愈好；數學則呈「負相關」，學測成績愈高，成績排名反而愈差；國文則是完全「沒有相關」。關於學測數學成績與大學學業成就間所呈現的負相關，有大學教授對此提出看法，包括：「學生只會解題，卻不懂得思考和邏輯推演」、「學生學習成就不一定和考試成績有關聯，『學習動機』才是學習效果的關鍵」等。

　　事實上，編著者亦曾就任教學校2006至2008學年度入學的會計系學生，根據其入學管道區分成「大學指考分發生」、「大學甄選入學（學校推薦）生」，以及「四技二專技優／推甄入學生」等三類，針對這三類入學管道學生在2006至2008學年度的學業成績表現進行比較分析。該項研究結果顯示，在大一的初級會計學（一）、初級會計學（二）、初級會計學習作（一）、初級會計學習作（二）、經濟學（一），以及經濟學（二）等六個科目上，四技二專技優／推甄入學生的表現均明顯優於大學指考分發生及大學甄選入學（學校推薦）生；而大學指考分發生與大學甄選入學（學校推薦）生彼此之間，則無顯著差異。該項研究推論可能是因為四技二專技優／推甄入學生在高中（職）時，便已開始學習會計學及經濟學的初級課程，甚至統測中的考科亦包含這些課程，因此會比從未接觸過這些課程的大學指考分發生或大學甄選入學生更快掌握學習技巧、並更快領會學習內容。然而，即便如此，編著者在實際教學過程中發現，四技二專技優與推甄入學生在高中職所接受的經濟學教育，大多著重在以選擇題考試為導向的「解題訓練」，輕忽經濟學課程

所強調邏輯推理、思考，以及文字組織與表達等能力的養成。

　　為了導正學生的學習方式並提升其學習動機，編著者自2013學年度起，於經濟學課程的期中考及期末考試題中加入了以時事議題為導向所設計的閱讀測驗式問答題，期望學生透過閱讀時事情境的報導內容進行問題分析與推論，以訓練其思考、推理，以及文字表達能力。相較於傳統教科書教學配件所提供的樣板試題，以時事議題為導向所設計的試題，更能讓學習者感受到時事情境的真實性與親切感，而作答的過程中，透過閱讀報導內容進行歸納或推論，除了能夠體會理論或概念的應用性以收學用合一的成效之外，某種程度亦能滿足學習者嘗試針砭時事的成就感。此書集結了過去近兩年來編著者根據蒐集的媒體報導所設計的問答試題與參考答案，以及相關的補充資料。經濟學初學者在透過教科書學習之餘，若能搭配相關的時事案例試題進行練習，勢必可收事半功倍之效。

　　此外，編著者自2014學年度起，亦開始嘗試透過雲端即時反饋系統的輔助，將基本的經濟學知識或觀念與相關時事相結合，藉由線上測驗方式與學生互動，希望除了能夠充實學生的專業知識與基本常識之外，也可以改變學生對基礎專業課程傳統課堂教學枯燥乏味的刻板印象。雖然使用雲端即時反饋系統輔助教學才剛起步，但修課學生普遍的反映是正面且高度期待的。本書的附錄中則提供了編著者所設計的課堂互動時事測驗題供讀者參考。

　　近年來，教育界瀰漫了一股「翻轉教室」（flipped classroom）的教學風潮，甚至部分教育工作者陷入「翻轉教室」的迷思，認為只要顛覆傳統課堂講授模式即可，殊不知若沒有充實而豐富的教案與教學內容，再好的教學輔助工具或教學輔助資源充其量也只是一種號稱「翻轉教室」的噱頭罷了！

　　為了落實將經濟學的概念與原理生活化與實用化，並使修課學生透過循序漸進的學習過程逐漸厚實其分析、溝通、規劃，以及創新思維等各項核心能力，編著者在教學過程中採取了包括：編寫中文課程講義、

教學方式數位化、課程單元中融入時事議題研討、運用雲端即時反饋系統進行課堂互動，以及時事議題導向之閱讀測驗式問答試題設計等做法。雖然有些做法才剛起步不久，但這些與時俱進、求新求變的教學理念，已逐漸獲得修課學生一定程度的認同與肯定。感謝一路走來給予包容與精神支持的家人、提供充沛教學資源的任職學校、不吝於分享教學經驗的學校同事，以及在編著者授課課堂上參與討論與學習的所有學生。

翁志強 謹誌

2015年9月

CONTENTS

CONTENTS

報導1 —————————————————

市場經濟

　　2013年7、8月間國際咖啡（原料）價格急劇下跌，國際咖啡期貨價格當時近一年間跌幅已達26%，但國內通路咖啡價格不減反增，根據主計總處的調查，2013年7月的包裝咖啡飲料、在外點用咖啡飲品，分別較前一年同期漲了2.1%與0.5%。事實上，2011年10月間，當國內四大連鎖超商陸續調漲含乳現煮咖啡系列售價各5元時，當時咖啡期貨價格為每磅2.27美元，如今降到1.22美元，降幅達46%，但業者卻未反映在咖啡飲品的售價上。有咖啡店業者表示，進口商拿到咖啡豆的降幅，並沒有產地多，因為運輸成本高，加上產地非洲戰事不斷、運輸保險費率提升，費用都會轉嫁給進口商。消基會表示，除非消費者發起抵制拒喝行動，或經濟部等主管機關邀業者「喝咖啡」柔性勸導，相關業者才有可能正視這項議題。

　　另外，2013年5月間，當日圓大幅貶值之際，連中央銀行總裁彭淮南都說日系進口商品該降價，經濟部也出面找廠商溝通，然而日系化妝品在業績屹立不搖支撐下，價格不但不降，反而還漲。儘管有客層改買歐美品牌，但忠誠客單價反而提高，所以業績未衰，甚至有品牌業績稱冠。公平交易委員會針對日系化妝品不降價進行調查時表示，廠商說明不降價的理由包含品牌雖然是日系，但物品不一定是從日本進口、原料不見得是日本製造或進口的價格並非最終銷售價格，還需計入管銷成本等，目前看來日系化妝品沒有聯合不降價或者限制

轉售價格等情形，且市場上化妝品品牌眾多、通路也競爭激烈，日系品牌難以利用壟斷的地位限制市場價格。一直呼籲消費者團結拒買的消基會董事長語重心長地表示，自由經濟市場最大主人是消費者自己，消費者若想要有合理的購物價格，就要像歐洲市場消費者一樣團結，抵制不合理，否則商機仍在，廠商不可能會降價的。

【摘錄：洪凱音，咖啡原料跌26% 國內超商照漲，中國時報，2013年8月26日；工商時報，社論－便利商店現煮咖啡是「守株待兔、願者上鉤」？2011年11月20日；楊淑閔，日系化妝品不降價 業績仍稱冠，中央社，2013年4月6日；楊淑閔，日系化妝品業績夯 降價有得等，中央社，2013年5月5日；吳靜君，不降價 公平會盯日系化妝品，中央社，2013年5月5日。】

問題研討

日圓大幅貶值但進口日貨業者堅持不降價，立委甚至要求財政部動用關稅或查稅手段進行制裁。財政部長對此表示，市場價格主要是反映供需，政府的工具有限，只能透過道德勸說，如果日商在臺誠實繳稅，再怎麼查稅也沒有用，不如用降低需求，市場價格自然會下降。（林淑慧、姚志平，2014年10月1日）

請替日系貨品業者找出不需要降價或無法降價的理由。

◇報導1參考答案

▎基本觀念

1. 國際咖啡（原料）價格急劇下跌，但國內通路咖啡價格卻不減反增；日本央行為對抗通貨緊縮而採取量化寬鬆（Quantitative Easing, QE）貨幣政策影響下，日圓大幅貶值，但部分進口日貨業者卻堅持不降價。從這兩則報導可知，即便是原料價格下跌造成進口商品的生產成本降

低，或是匯率波動造成進口商品報價相對變便宜，只要商機（需求）仍在，廠商是不會自動調降商品售價的，這就是市場經濟（market economy）。

2. 市場經濟的特色

   (1) 價格機制（price mechanism）

      亞當斯密（Adam Smith）在《國富論》（*An Inquiry into the Nature and Causes of the Wealth of Nations*）一書中將價格機制比喻為「一隻看不見的手」（*"an invisible hand"*）。

   (2) 自利（self-interest）動機

      《國富論》中提到，屠夫、麵包師傅與釀酒業者提供我們餐桌上的食物與美酒，並不是出於善心，而是為了他們自身的利益。

   (3) 保障財產權（property rights）

▌ 日系貨品業者不需要降價或無法降價的理由

1. 消費者具有品牌忠誠度、日系貨品業績（需求）屹立不搖。

2. 若日系貨品的原物料係自歐美進口，則日圓貶值將造成原物料進口成本上揚，並造成日系貨品的生產成本提高。

3. 並未有來自歐美系同款貨品的價格競爭壓力。

4. 除非日系貨品業者有限制競爭、妨礙公平競爭、影響交易秩序，或危害公共利益等行為，政府公權力可介入之外（適用公平交易法之規範），否則，在市場經濟體制下，政府並不能干預業者的正當商業行為。

▌ 反映「市場經濟」特色的相關報導

1. 「盧布」重貶 蘋果被迫暫時停止在俄羅斯的銷售（林淑燕，2014年12月17日）

   (1) 隨著俄羅斯與烏克蘭對峙引發地緣政治緊張局勢，以及西方世界對俄羅斯採取經濟制裁，導致資金持續外逃，再加上油價大幅崩

跌等影響，造成俄羅斯貨幣「盧布」重貶至歷史新低，且跌勢深不可測，蘋果在俄羅斯的網路商店完全無法訂價，只得被迫暫時停止在俄羅斯的銷售。

(2) 其實在2014年11月中之前，蘋果還是持續承受著盧布的貶值，沒有調價，可是盧布實在貶太快了，蘋果終於按捺不住，在2014年11月底宣布將16G iPhone 6從31,990盧布上調至39,990盧布；想不到之後盧布還是繼續狂貶，蘋果只好火速地先關掉網站，免得損失擴大。

2. 「丈母娘經濟」支撐大陸房地產市場（中時電子報，2015年5月29日）

(1) 中國大陸近幾年流行一個專有名詞「丈母娘經濟」，意即情侶交往久了想進入人生下個階段，若是名下沒有房子，休想丈母娘會答應把女兒嫁出去！這種「無房不嫁」的要求，不只引發「丈母娘逼高大陸房價」的說法，還激起許多婆婆對女方提出「無車不娶」的條件，使得中國大陸的經濟在這些丈母娘與婆婆的帶動下，得以持續高度成長！

(2) 這其實就是供需問題。大陸每年蓋10億平方米的房子，有殼族的比例看似很高；不過，中國大陸每年還有1,600萬人進入25歲，意即約有800萬對男女到了要準備結婚的階段，需要買車、買房，雖然現階段大陸房市因有打房政策而不會像過去大漲，但是丈母娘經濟依舊存在，房地產市場需求仍旺。

▌資料來源

1. 工商時報，社論—便利商店現煮咖啡是「守株待兔、願者上鉤」？，2011年11月20日。
2. 中時電子報，「丈母娘」撐腰 陸股基本面底子硬，擷取自中時電子報全球資訊網：http://goo.gl/hwHW2l，2015年5月29日。
3. 吳靜君，不降價 公平會盯日系化妝品，中央社，2013年5月5日。
4. 林淑燕，盧布跳水式貶值 連蘋果都害怕，中時電子報，2014年12月17日。
5. 林淑慧、姚志平，財長：姊妹站出來 抵制不降價日貨，工商時報，2014年10月1日。
6. 洪凱音，咖啡原料跌26% 國內超商照漲，中國時報，2013年8月26日。
7. 楊淑閔，日系化妝品不降價 業績仍稱冠，中央社，2013年4月6日。
8. 楊淑閔，日系化妝品業績夯 降價有得等，中央社，2013年5月5日。

報導2 ─────

國道5號高速公路試辦差別費率措施

交通部高公局於2014年8、9兩月試辦國道5號高速公路「例假日差別收費」措施（尖峰加價、離峰減價的國道計程差別費率），試辦方案為週六上午尖峰時段南下通行費加五成、週日上午離峰時段南下減五成，期能發揮車流移轉之「移峰填谷」作用，以紓解例假日壅塞的車潮。然而，試辦結果發現無論尖峰或離峰時段，轉移車潮的幅度都相當有限，有民眾表示尖峰時段全程收費只比原價多32元，對於前往宜蘭旅遊的民眾根本沒影響。

高公局官員強調，國5車流量比道路設計容量多五成，連假車流量更高達兩倍，尖離峰差別費率是誘導性措施而非強制性措施，目的在於轉移尖峰車潮，而非完全解決壅塞問題，且國5的需求量遠超過供給量，單一措施難以奏效，目前最有效的方法是高乘載管制，可減少約兩成車流。

交通部長表示，尖離峰差別費率方案的實施成效的確不理想，除了仍持續宣導民眾搭乘大眾運輸工具之外，未來不排除拉大尖離峰的費率差距，並搭配更高強度的高乘載管制措施。

【摘錄：黃芮琪，國道5號擬再拉大差別費率，中國時報，2014年9月26日；曾懿晴，國道5號常態差別費率 恐胎死腹中，中國時報，2014年9月12日。】

問題研討

　　請說明國道5號高速公路「例假日差別收費」措施實施成效不彰的可能原因。

◇報導2參考答案

▌基本觀念

1. 此報導係關於供需理論中「以價制量」觀念的應用，亦即嘗試透過尖峰加價、離峰減價的差別費率措施，以期發揮車流移轉之「移峰填谷」作用，舒緩例假日尖峰時段壅塞的車潮。

2. 所謂「以價制量」係指透過商品價格上漲的影響來達到抑制商品消費量的目的。「以價制量」觀念應用的實際案例包括：

   (1)菸品稅捐（菸品健康福利捐）⇨ 抑制菸品消費量。

   (2)經濟部研擬開徵耗水費 ⇨ 確保水資源合理使用。

   (3)觀光旅遊景點收費（門票／清潔費）⇨ 維護旅遊品質。

   (4)提高全民健保自付額（部分負擔）⇨ 避免醫療資源遭濫用（降低道德風險）。

▌國道5號高速公路「例假日差別收費」措施無法奏效的可能原因

1. 例假日國道5號高速公路車流量比道路設計容量多出甚多（國5的需求量遠超過供給量）。

2. 國道5號高速公路例假日之交通特性偏向於觀光旅遊旅次，因此用路人對國道5號高速公路需求的價格彈性較小。

3. 尖離峰費率差距不顯著，無法收到「移峰填谷」（或「以價制量」）的效果。

4. 鼓勵民眾搭乘大眾運輸工具的宣導未見成效，或是大眾運輸工具的便利性不足，致使民眾的利用率偏低。

■ 「以價制量」觀念應用的相關報導

1. 開徵「耗水費」（王玉樹，2014年9月30日；唐玉麟、陳宥臻，2014
   年9月23日；中央社，2014年9月22日）

   (1) 為鼓勵節約用水與提高用水效率，經濟部水利署日前宣布將修改
       《自來水法》節水專章，開徵「耗水費」。最新完成的草案內容
       中擬將耗水費費率設為三級制，從1,000度以上開始加徵10%、2,000
       度以上加徵20%，3,000度以上則是最高30%，總計水費要比現行貴
       一到三成。但草案中設有2個「優惠條款」，凡領有節水標章或是
       廢水回收率符合標準廠商，可各折扣5%、兩項兼具者最高可折到
       10%，也就是部分廠商善盡節水責任，耗水費最高只繳到兩成。

   (2) 耗水費開徵後，工業大戶、溫泉旅館、洗車業等約1.2萬戶高用
       水行業都將受到衝擊。溫泉旅館業者表示，成本如太高就得漲泡
       湯費。晶圓代工龍頭台積電則表示，因各企業規模不一，用水量
       少的企業不代表就節約用水，用水量多的企業也不代表就是浪費
       水源，耗水費徵收不應以使用絕對度數為基準，應視用水回收狀
       況而定。

   (3) 經濟部表示，國內水資源得來不易，目前許多國家已採取強制或
       以價制量措施，如澳洲禁止民眾用水管引水洗車，丹麥、中國大
       陸部分省分均已開徵水資源稅。國內自來水費20年未漲，對開徵
       耗水費案，經濟部相當謹慎，避免引發民怨。由於一般家庭每月
       使用水量約30度，若開徵耗水費，並不會成為耗水費開徵對象。
       另外，農業用水，由各農田水利會處理，與耗水費無關。未來耗
       水費徵收款項將專款專用，主要用在協助產業界節水診斷、提升
       節水技術、水資源管理、節水教育宣導等。

2. 水價合理化改革（工商時報，2015年4月3日）

   (1) 面對嚴峻的缺水旱象及逐年加劇的極端氣候變化，經濟部端出所
       謂的「擴大節約用水五大策略」，包括責成機關學校部隊帶頭節

水、強制使用省水器材、擴大檢漏、提升用水效率，以及啟動全民節水教育。

(2)然而，經濟部五大策略中真正應該全力推動的核心策略應在於如何提升用水效率，其中自然包括應合理反映供水成本。根據國際水協會（IWA）的統計，臺灣的平均水價每度只有9.2元，是已開發國家中最低廉的。低廉的水價，包括工業、農田、民生用水的用戶自然缺乏節約用水的誘因，以致臺灣的每人每日用水量在臺北市高達375公升，高居各國之冠。水價合理化才能有效化解不同目的用水用戶對於水權分配的爭議，以及提升回收水、再生水的使用比例。

(3)談到調整水價合理反映成本，行政當局自然擔心遭到民意反彈。事實上，只要規劃周延，建構具彈性的水費漲跌公式，並兼採累進費率，則其實不難做到用水大戶漲價，一般民生用戶不漲甚至下降的模式。

▎資料來源

1.工商時報，社論－把握水價合理化的改革契機，2015年4月3日。
2.王玉樹，微耗水費 用水將貴一到三成，中國時報，2014年9月30日。
3.中央社，台積電：耗水費不宜用度數為準，2014年9月22日。
4.唐玉麟、陳宥臻，工業大戶、泳池、SPA 水費變貴，中國時報，2014年9月23日。
5.黃芮琪，國道5號擬再拉大差別費率，中國時報，2014年9月26日。
6.曾懿晴，國道5號常態差別費率 恐胎死腹中，中國時報，2014年9月12日。

經濟部推動綠色電價試辦計畫

　　反核高漲，綠電風潮盛起！因應國內資訊業與民眾對綠電需求，經濟部能源局研擬完成綠電計畫，採自願制，參照德國綠電價格，初步評估綠電每度電價比目前電價貴1元左右，約4元，最快2014年初實施，試辦期三年。

　　經濟部官員表示，綠電主要需求者，以國內資訊業出口大廠，尤其以銷往歐洲的筆電業者為主，如宏碁與臺北市電腦公會等，以及一般民眾與「瘋綠電行動聯盟」等，甚至對重大建設，因環評需要而購買的公司，均由臺電核發綠電證明書。

　　由於歐盟與歐洲的大型通路商，都會要求產品上市前，必須揭露碳足跡或環保認證，促使國內廠商希望藉由購買綠電，降低產品排碳量，以提升企業形象。目前是僅要求揭露產品的排碳量，但在國際趨勢下，未來國際間可能會針對排碳量過高的產品課稅。認購綠電的廠商將有利於拓銷其歐洲市場，或者是爭取歐洲訂單。

【摘錄：唐玉麟，每度4元 經部明年試辦綠電，中國時報，2013年8月7日；潘羿菁，經部推綠電 每度約4.2元，工商時報，2013年8月7日。】

問題研討

為何企業用電戶願意認購費率較一般電價高的綠色電力？

◇報導3參考答案

▎基本觀念

1. 所謂綠色電力（簡稱「綠電」）係指利用再生能源（包括太陽光電、風力、水力等）發電所產生之電能。

   (1) 目前臺灣的綠色電力係由太陽光電與風力來供應，綠電供電量約占臺電總供電量的3.6%。

   (2) 由於利用再生能源進行發電的成本較高，因此綠色電價會高於傳統電價。

   (3) 為助於再生能源政策推動，促進再生能源之發展，並減少碳排放量，經濟部於2014年7月1日起試辦「自願性綠色電價制度」，為期三年。2014年下半年自願性綠電附加費率為新臺幣1.06元／度（含稅），可認購量為3億1,000萬度。

2. 綠色電價制度的內容與特色（經濟部能源局，2014年6月30日）

   (1) 綠色電力認購採自願性質，由用戶自行選擇參與，並與臺電公司簽訂認購契約。

   (2) 綠色電力採單一商品單一費率，不依再生能源類別分別定價。

   (3) 每半年度為一認購期間，以100度為1個認購單位，每次申請新增或減少認購至少需1個單位（但計費仍以實際使用之度數為準）。

   (4) 經濟部每年訂定綠色電力費率及可認購總量上限並公告。

   (5) 用戶依公告之綠色電力費率，以附加方式認購，並另列於現有電費單中；臺電公司得依用戶之需求，提供「綠色電力購買證書」。

▎企業用電戶願意認購費率較高之綠色電力的可能原因

1. 降低企業產品碳足跡以提升其產品競爭力。
2. 滿足企業社會責任之履行並提升企業形象。

▎綠色電價的相關報導

1. 德國高電價未影響經濟發展 關鍵在節能（唐玉麟，2014年7月15日；
   楊文君，2014年7月15日；盧信昌，2014年7月18日）

   (1) 2014年7月15日於臺灣舉辦的一場能源轉型與經濟永續發展論壇
       中，德國在臺協會副處長古茂和在分享德國能源轉型經驗的演說
       中指出，德國電價雖高，但並未影響企業的競爭力，且高電價
       反而讓民眾節約能源，並讓企業投入再生能源的發展。德國2013
       年投入再生能源的金額達200億歐元，有35萬人投入再生能源產
       業，還有500多家能源供應商，連農民都可賣電，綠能產業更貢
       獻GDP的6%。德國也計畫在2050年將再生能源發電比提高至八
       成，顯示節能與經濟發展非對立面。古茂和在會後亦強調，臺灣
       政府不應補貼電價，應適時調高電價，讓大家節能減碳，「臺灣
       不願面對電價調漲，造成電力浪費」，建議臺灣政府訂定中長期
       調高電價方案，以利企業儘早因應。

   (2) 目前臺灣電力供應仍有18%來自核能發電，若讓核電廠按規畫逐
       步除役，未來電力供應將會產生問題。雖然政府強調仍會持續朝
       非核家園努力，不過要以再生能源來替代核能發電，目前還做不
       到，臺灣再生能源占整體供電比例預計在2030年時方能達到24%。

   (3) 有國內學者認為，德國專家在演講中真正想表達的是，臺灣只談
       新能源的投資，卻不重視節能的誘因規畫。在總體目標上想用綠
       能發電來取代核電，但並沒有嘗試藉由電價結構的帶動，來發揮
       「省著點用與提高功效」的交相加乘，也就是缺乏實施差別電價
       及以價制量等長遠規畫的思維。

2. 台積電認購綠電1億度（涂志豪，2015年6月17日）

(1)晶圓代工龍頭台積電宣布主動認購1億度綠色電力，以響應經濟部自願性綠色電價制度，此1億度綠色電力約占臺電2015年全體綠色電力認購釋出量近13%。由於綠色電力在生產過程中不產生碳排放，因此這1億度綠色電力可減少碳排放量達52,000噸二氧化碳，相當於520萬棵樹一年的碳吸收量。

(2)另外，封測大廠日月光，截至2014年底為止，總共認購310萬度綠色電力，這些綠色電力來自太陽能及臺灣陸域風力發電等再生能源，預估能減少1,600噸二氧化碳，相當16萬棵樹的碳吸收量。

(3)台積電財務長表示，「關懷地球、為下一代著想」向來是台積電社會責任的重要內涵，為因應全球氣候變遷，台積電重視並持續落實環境保護措施，積極推動節能、減碳。此次主動認購1億度綠色電力，取代碳排放量較高的既有電力，即是關懷地球的具體行動。

▌ 資料來源

1.涂志豪，台積電大手筆 認購綠電1億度，工商時報，2015年6月17日。
2.唐玉麟，每度4元 經部明年試辦綠電，中國時報，2013年8月7日。
3.唐玉麟，德國副代表古茂和：關鍵在節能，中時電子報，2014年7月15日。
4.經濟部能源局，經濟部自願性綠色電價制度試辦計畫，擷取自經濟部能源局全球資訊網：http://goo.gl/RwFTNG，2014年6月30日。
5.楊文君，古茂和：德國高電價未影響經濟，中央廣播電台，2014年7月15日。
6.潘羿菁，經部推綠電 每度約4.2元，工商時報，2013年8月7日。
7.盧信昌，時論─蘋果比雞蛋？反核團體搞不清楚，中國時報，2014年7月18日。

報導4 ————————————————————

蒜頭栽種的「產地配額」登記制

農委會有感蒜頭產銷容易失衡，平均每三年崩盤一次，決定祭出新政策，2014年9月起改採「產地配額」登記制，雲嘉南種蒜總面積不得超過4,800公頃，藉此控管每年產量在5萬噸以下，避免蒜頭再度量多價崩。

農委會農糧署官員表示，蒜價崩盤幾乎三年一輪，因為農民往往看前一、二年價格好就開始搶種，但又不知道別人種多少，也沒有預警機制，因此農糧署希望透過公所或農會，去調度分配每一個鄉鎮縣市種大蒜的面積是多少，大家分配來種，不要搶種，避免價格崩盤。

2014年9月起新種大蒜時節，各地方政府必須配合採取產地配額新制，公所、農會必須控管蒜農的種植面積，若地方不願配合耕種登記，未來產銷失衡農委會將拒絕輔導補助。農委會也將協助農會扮演區域處理中心角色，由地方農會添購倉儲設備，一旦產銷失衡，農會出面以合理價格收購，將可打破中盤商長期掌控蒜價的共犯結構。

但農業學者表示，像大蒜這種農作物，因為可以長期儲存，所以市場價格都掌控在少數蒜商手中，如果只是一昧對蒜農生產配額做限

制，沒有考量盤商通路，蒜商一樣可以從國外進口低價大蒜，打亂國產大蒜市場行情。另外，農委會要求農會扮演收購角色，等於變成另一個蒜商，嚴重干預市場機制，導致大蒜未來可能走向公糧翻版的悲劇。

【摘錄：湯雅雯，精打細蒜 限制栽種面積，中國時報，2014年8月14日；湯雅雯，壟斷通路 學者：問題在蒜商，中國時報，2014年8月14日。】

問題研討

造成國內蒜價崩盤的原因為何？政府可採取哪些措施以避免蒜價崩盤的情事重演？

◇報導4參考答案

▍基本觀念

1. 此報導係關於農產品產銷失衡、以及政府如何進行因應與輔導之議題。

2. 調節市場的穀物價格平準機制

   (1) 中國西漢時理財家桑弘羊曾向漢武帝建議設立穀物價格平準機構，稱為「常平倉」。當市場穀價過低時，由政府收買供給過剩量，以提高穀價，稱為「糴進」；當市場穀價過高時，政府則低價拋售常平倉中積穀於市場，以平抑市價而利民，稱為「糶出」。

   (2) 若氣候得宜使得稻米豐收時，稻米的供給將增加，如下頁左圖所示，稻米的供給曲線由S_1右移至S_2，在原來的市場價格下會產生超額供給，故稻米的市場價格將下滑，雖然稻米的市場成交

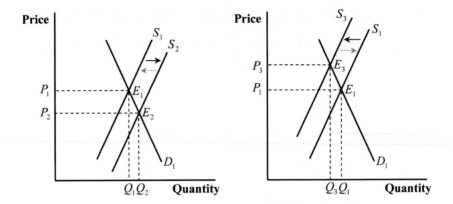

數量會因此而增加，但因稻米的需求彈性較小（需求曲線較陡直），所以價格下降的幅度將遠大於成交量增加的幅度，導致農民的收益減少（穀賤傷農），若政府欲維持原來的市場價格，可透過收購市場上過剩稻米的方式來減少市場供給，讓市場供給曲線由S_2往左移回至S_1；相反地，若因氣候惡劣使得稻米歉收時，稻米的供給將減少，如上右圖所示，稻米的供給曲線由S_1左移至S_3，在原來的市場價格下會產生超額需求，故稻米的市場價格將上揚，然而因稻米的需求彈性較小（需求曲線較陡直），市場成交數量雖會下滑，但成交量減少的幅度遠小於價格上升的幅度，導致消費者的支出大幅增加（穀貴傷民），若政府欲維持原來的市場價格，可透過將庫存稻米銷往市場的方式來增加市場供給，讓市場供給曲線由S_3往右移回至S_1。

3. 農產品在供需調節上較為困難的原因（張德粹，2012年）

(1) 農產品的生產須經較長的時間，並且要等待一定的季節才能收成，但民眾對於農產品的需求則是每月每日大致相同，沒有季節的變化，此為供需不調的主因。

(2) 調節供需的重要條件是商品便於運輸及儲藏，但大多數農產品因體積龐大而價值低微，且又易於腐敗，不利於長途運輸（或運輸成本太高），亦不耐長久儲藏。

(3)農產品以糧食品為主要，而民眾對於糧食的需求是缺乏彈性的，即每人生活上所消費糧食品的數量大致固定，但農產品的生產量卻非人力所能完全掌控。

國內蒜價崩盤的原因

1. 蒜農搶種造成生產過剩。
2. 蒜商自國外進口低價大蒜，破壞國內大蒜市場行情。

政府可採取避免蒜價崩盤的措施

1. 透過「產地配額」登記制，對蒜農進行生產配額的控管。
2. 對蒜農進行產銷輔導並鼓勵國內消費者支持國產大蒜。
3. 當產銷失衡時，由地方農會介入市場，以合理價格進行收購並儲存，避免過剩產量流入市面破壞市場行情。
4. 加強查緝蒜商的壟斷與聯合行為，避免蒜商炒作及掌控蒜價。

臺灣農業發展與農業政策的相關報導

1. 臺灣的「不農族」現象與「三農」問題（工商時報，2004年11月24日）
   (1)臺南地區逐漸進入柳丁盛產期，但因供過於求，一臺斤產地的收購價只有4、5元，根本不敷成本。嘉義縣番路鄉生產水柿的果農，同樣也因為價格狂跌不敷成本而乾脆放棄採收，寧可留給鳥兒當食物。此外，在柚子、芒果、水蜜桃採收時期，也不時可見類似的場景。甚至養豬、種菜的農民，也不時要面對價賤傷農的惡性循環。檢視農民所面臨的這種困境，直接來看似乎涉及的只是產銷供需失調的問題，但背後所觸及的，毋寧是有關農業生產、農業政策的根本性問題，以及衍生出的有關政府資源分配、環境生態維繫的嚴肅課題。
   (2)當前臺灣的農業生產與發展，面臨相當大的瓶頸。最主要的原因

是臺灣地狹人稠，可耕面積有限，導致生產成本居高不下。面對全球化及加入WTO後各類國外農產品進口的威脅，本土農產品因不具價格競爭力，農民所得勢必被壓縮。同時，在產業結構不斷調整的情況下，農業產值占GDP比率已經降至無足輕重的程度。兩個因素交互影響下，使農業發展更趨式微，包括農民、農村和農業三個層次（三農），都同時面臨前所未有的危機與挑戰。

(3)農民的收入，既比不上第二產業從業者，更遠遠落後於第三產業從業者。在這種情況下，自然導致農村務農者人口老化，從而陷入生產效能低落的惡性循環。農村的發展與建設遠遠落後於城鎮，甚至出現凋敝的景象，自然就不足為奇。在農民、農村坐困愁城的情況下，農業政策亦同樣陷入困境，並在政府決策體系中位居弱勢。

(4)政府在面臨加入WTO、開放農產品進口的衝擊下，只好對農地祭出鼓勵休耕的政策。這項政策對於抑制農民繼續從事高生產成本的農業生產，以免產銷失調、價賤傷農，具有一定成效，但也出現了所謂「不農族」的後遺症。滯留在農村的老農民，眼見休耕還可以領到休耕補助，維持農民身分又可以領取老農年金，不只紛紛響應，還樂當坐享其成的「不農族」。而且由此又衍生另外兩個現象：其一是老農為繼續保有農民身分，以領取年金和補助，因此不敢輕易改變農地休耕的現狀，不僅任由農地荒廢，甚至阻斷失業返鄉的農村子弟務農或轉賣土地的機會；其二則是既然農地維持在休耕的狀態，長此以往，相關的農田水圳維護亦告棄守，農業生產的基本網絡架構將漸次崩解，對農村的生態、景觀也將產生永久性的危害。

2. 休耕政策導致農村慢性自殺（高有智、何榮幸，2005年7月10日）。

(1)為因應加入世界貿易組織的衝擊，政府從1997年起推動「水旱田利用調整計畫」（即休耕政策），以達到稻米減產目標。農民若在休耕農田種植田菁、太陽麻等綠肥作物，每公頃農地可

領45,000元補助，翻耕或轉作其他雜糧作物，也可獲22,000元至34,000元。

(2)休耕政策雖然成功縮減稻米產量，試圖避免穀賤傷農。然而，不少農民更擔心，這帖藥可能成為毒藥，導致農村的慢性自殺，也加速農業文化的流失。稻米農業的式微，受創的不只是個別稻農，連帶影響卻是整體的周邊產業，包括育苗、代耕、肥料農藥與乾燥烘穀等業者，這些人都是依賴稻田維生。

(3)近年來不少炒作土地的投機客，紛紛在農村購置農地，甚至利用興建農舍名義，卻蓋起歐式別墅，其餘農地就作為申請休耕補助，真正的農民捨不得放棄耕作，休耕補助反而都進了土地炒作者的口袋。此外，休耕補助的每公頃45,000元，雖然當初美意是提供農民減產稻米誘因，無形中竟也成為農村社會的地租標準，增加農業成本，不少返鄉青年已出現「想耕作卻租不到地」的窘境。

▌資料來源

1.工商時報，社論─談臺灣「不農族」現象與「三農」問題，2004年11月24日。
2.高有智、何榮幸，休耕政策捨本逐末 農村慢性自殺，中國時報，2005年7月10日。
3.湯雅雯，精打細蒜 限制栽種面積，中國時報，2014年8月14日。
4.湯雅雯，壟斷通路 學者：問題在蒜商，中國時報，2014年8月14日。
5.張德粹，農業經濟學（全新修訂版，許文富修訂），新北市：正中書局股份有限公司，2012年6月。

報導5

黑心原料藥的「藥」命危機

　　肝素（Heparin）是廣泛用於洗腎的抗凝血藥物，2008年初，美國食品藥物管理局（Food and Drug Administration, FDA）發現，有上千名患者注射知名大廠百特（Baxter）的肝素後出現過敏反應，更造成81人死亡。調查後，問題直指位於中國江蘇常州的黑心原料藥供應商，以化學結構雷同的成分蒙混為肝素，儼然是三聚氰胺汙染奶粉的「毒奶粉」事件藥界翻版。經過數月調查，FDA發現，受汙染肝素竟在美國、澳洲、加拿大、丹麥、法國、德國、日本等11國現蹤。

　　什麼是原料藥？以國人最常用的止痛藥「普拿疼」（Panadol）為例，最早由外國原廠葛蘭素史克（GlaxoSmithKline, GSK）藥廠所推出，等藥物專利到期後，原料藥廠仿製出普拿疼的有效成分「乙醯氨酚」（Acetaminophen），藥廠再將之加入澱粉等賦形劑打錠、裝膠囊，製作成學名藥上市與原廠藥競爭，例如永信藥品的「無痛錠」、杏輝藥廠「利克痛錠」就是臺灣常見的普拿疼學名藥。一般學名藥價格往往是原廠藥的一半以下。「如果沒學名藥，全球病患都會被原廠藥綁死，藥價將居高不下，只有歐美大國的人民才吃得起藥。」臺大藥學系教授高純琇一語道破學名藥的重要性。在全球醫藥費用節節上升的同時，包括歐、美、日等先進國家都卯足全力鼓勵民

眾使用學名藥，不要迷信原廠藥。因此直接造就人力便宜的中國、印度，在近十年間崛起為原料藥供應大國，提供各國製造學名藥廠商廉價的製藥原料。而「中國製造」的種種弊端，不但引發震驚世界的「毒牙膏」、「含鉛玩具」事件，最新一波的「黑心原料藥」風波，則是更棘手的全球性議題。

【摘錄：蔡靚萱、陳雅潔，中印黑心原料藥大舉侵臺 「藥」命危機，財訊雙週刊，372期，2011年5月12日。】

問題研討

雖然在學名藥的製作過程中，存在著黑心製藥原料的疑慮，但為何學名藥在醫療服務體系中仍扮演著舉足輕重的角色？

◇報導5參考答案

▍基本觀念

1.影響潛在進入者威脅大小的因素（周旭華，2012）

  (1)進入障礙（barriers to entry）

    A.規模經濟（economies of scale）

    B.產品差異化（product differentiation）

    C.資本需求（capital requirements）

    D.移轉成本（switching costs）

    E.配銷通路的取得（access to distribution channels）

    F.與規模無關的成本優（劣）勢（cost disadvantages independent of scale）

    G.政府政策（government policy）

(2)潛在報復

    A.過去對新進者報復的慣例。

    B.擁有反擊的資源優勢（充裕現金、適足產能、忠誠顧客、借貸額度、掌握配銷通路）。

    C.產業涉入程度深的既存者能有效掌握資金運作流程，並握有大量資產。

    D.產業成長緩慢，限縮市場吸納新進者的空間。

2. 獨占（monopoly）形成的原因

  (1)掌握關鍵性的生產資源：原物料（礦產）、製程、配方等。

  (2)政府授予獨占地位（人為獨占）。

    A.石油、電力、電信、自來水等公用事業（public utilities）。

    B.智慧財產權（專利權、版權）。

  (3)自然獨占（natural monopoly）：享有規模經濟的成本優勢。

3. 原廠藥（monopoly drug）vs. 學名藥（generic drug）

  大型藥廠投入研發、開發出新藥並取得專利後即是所謂的原廠藥；當原廠藥的專利到期後，原料藥廠隨即仿製出原廠藥的有效成分，以供一般藥廠製作成學名藥上市，並與原廠藥競爭。

學名藥的重要性

1. 如果沒有學名藥，全球病患都會被原廠藥綁死，藥價將居高不下，只有歐美大國的人民才吃得起藥。

2. 在全球醫藥費用節節上升的同時，包括歐、美、日等先進國家亦鼓勵民眾使用學名藥，不要迷信原廠藥。

3. 臺灣全民健康保險（全民健保）制度的醫療用藥中，學名藥用量占七成，但藥費只占三成，因此全民健保制度提供了民眾「物美價廉」的醫療服務，並成為許多國家仿效學習的醫療保險制度典範。（張鴻仁，2014年3月14日）

學名藥的相關報導

全民健保另有幕後功臣（張鴻仁，2014年3月14日）

1. 前衛生署長、中央健保局首任總經理葉金川教授，近期獲邀在美國參議院作證，成為歷史上第一人。美國參議院這次公聽會的主題是「單一保險人制」，因為美國是多元保險制，所以這次特別邀具代表性的「臺灣、加拿大、法國」作證，其中，加拿大被當成負面教材，因為過去20年來投資不足，在80年代聞名國際的健保體系，今天卻常被美國媒體拿來教育民眾，千萬不要學加拿大式的「單一保險人制」。

2. 臺灣和法國是單一保險人制典範，法國以11.4%的GDP辦健保，是「米其林版」，臺灣才花6.4%的GDP，是「菜市場版」，其中最重要的共同精神是「民眾有自由就醫權」，即無強制「轉診制度」。為讓民眾就醫不受限制，醫療服務體系需非常有效率，因此臺法都以民營醫療體系為主，醫院間並以「品質」而非價格競爭。

3. 臺灣全民健保1995年開辦，幾年內已「全民有保、就醫無礙、物美價廉」。過去10年來，美國媒體矚目臺灣健保共三次，首先是2003年ABC的專訪，其次是美國公共電視2008年製作的《全球患者》，把臺灣列為5個美國最值得學習的體系之一。最近一次是CNN全球公共廣場2012年的報導，再次把臺灣列為三個美國必須學習的體系。另外，韓國1989年剛辦完奧運後即開辦全民健保，領先我們6年，但初期成效不彰。於是，韓國頻頻派團來臺取經，並在2000年進行大改革，由原來的多元保險變成單一保險人。

4. 值得一提的是，全民健保幕後功臣，首稱辛苦的是全臺醫護人員，臺灣對四大科與急重症醫療的給付以及護理人員的薪水都太低，可說是靠專業人員的愛心與奉獻，一旦戰後嬰兒潮「三明治世代」醫護人員退休，健保費會暴增；其次是辛苦的「家人」，由於醫院護理人力不足，所以陪病家屬或聘用外勞已成常態，這些隱藏成本並未估計在健保支出內。最後要替製藥工業說幾句話，如果不是國產藥品長期以便

宜質佳的學名藥供應國人（用量占健保七成，但藥費只占三成），則價廉物美的健保早成明日黃花。

資料來源

1.周旭華（譯），競爭策略：產業環境及競爭者分析（第三版）（Michael E. Porter原著），臺北：天下遠見出版股份有限公司，2012年3月。

2.張鴻仁，全民健保另有幕後功臣，中國時報，2014年3月14日。

3.蔡靚萱、陳雅潔，中印黑心原料藥大舉侵臺　「藥」命危機，財訊雙週刊，372期，2011年5月12日。

報導6

沒有策略的自由化
非福乃禍

　　自由貿易本來就是雙面刃，當我們期待別人降稅、開放市場，人家也期待你降稅、開放市場。天下沒有白吃的午餐，當我們出口產業享受美、歐市場開放的好處時，內需產業就得有開門迎戰的準備，這意味著有數萬廠商、數十萬就業者要與外商短兵相接。樂觀者總是說競爭才會帶來效率，才能帶給消費者自由貿易的利得。然而，消費者何嘗不是就業者，當自家企業禁不起競爭而關門、外移，他們豈非全成了失業者？還能享受什麼自由貿易的利得？

　　過去20多年來，貿易自由化為臺灣帶來貿易利得，也同時帶來衝擊。昔日臺灣許多傳統產業外移，使得數十萬人一夕失業，2013年初臥軌失業勞工正是當時產業外移的受害者。臺灣於1985年傳統產業最活絡的年代，紡織與成衣業總共僱用了46萬人，如今已降至15萬人，電力設備製造業由16萬人降至12萬人，木竹製品業從8萬人降至2萬人，家具製品業也從7萬人降至2萬人，這正是自由化的衝擊。昔日如此，未來也是如此。

　　今天政府談貿易自由化，談區域經濟整合，明顯過於樂觀。這樣的樂觀如果沒有周延的談判策略，只圖多簽幾個FTA以彰顯政績，簽了比不簽更糟，後患無窮。這絕非危言聳聽，1992年美國總統大選

期間，有關北美自由貿易協定（NAFTA）的簽署一事曾引起美國社會的關注，加入選戰的德州富商裴洛，點出許多人心中的憂慮，也就是伴隨自由貿易所衍生的失業與工資停滯這兩大問題。古典經濟學家只告訴我們自由貿易將帶來貿易利得，但卻沒有談到自由貿易對生產要素的影響、對所得分配的衝擊。當年薩繆爾遜發表「要素價格均等化理論」，震撼了許多經濟學家，歷經半個世紀的驗證，此一理論確有先見之明，如今臺灣薪資倒退16年，恐與此難脫干係。

　　自由化必須有策略而非盲目的開放，更不宜有那種和人比賽看FTA誰簽得多的幼稚心態。試想今天WTO的杜哈回合談判之所以談了12年仍未獲共識，主因各國仍有想保護的產業，顯示如今美、歐等國絕非盲目迷信自由化，自由化只是他們追求最大利益的手段。

【摘錄：工商時報，社論－沒有策略的自由化　非福乃禍，2013年10月23日[1]。】

問題研討

　　自由貿易帶來的衝擊為何？

◇報導6參考答案

▎基本觀念

1. 政府的貿易政策（貿易限制措施）

　　(1)關稅（tariff）

　　(2)進口配額（import quota）

---

[1] 〈沒有策略的自由化，非福乃禍〉一文（作者：于國欽）曾榮獲2014年第十三屆卓越新聞獎－新聞評論獎。

自動出口設限（voluntary export restraints, VER）：

A.進出口國雙方透過協商，由出口國「自願性」的限制其出口量不得超過雙方約定的某一水準。

B.VER是一種數量性管制措施，且由於配額交由出口國加以分配與管理，故性質上與出口配額措施較為相近。

(3)反傾銷稅（anti-dumping duty）

(4)平衡稅（countervailing duty）⇨ 反補貼稅

(5)報復性關稅（retaliatory duty）

(6)進口救濟（import relief）或特別防衛措施（special safeguard measures）

2.倡議貿易限制的論點與反駁（Mankiw, 2015）

(1)保障本國勞工的就業機會。

⇨ 可輔導受衝擊產業的勞工轉業至該國具有比較利益的產業中就業。

(2)基於國家安全的考量。

⇨ 保護關鍵性產業固然必要，但不應過度以國家安全為保護傘來限制或阻礙外來的競爭。

(3)保護本國幼稚產業（infant industry）。

⇨ 短期內須予以扶植以避免外來競爭之產業為何，以及實施保護政策之利弊得失等的評估，在執行上是相當困難的。

⇨ 有些產業具有長期獲利性，即使未受政府保護短期內會承擔虧損，但最終仍能穩定成長且獲利（例如許多網際網路產業的廠商）。

(4)避免採行自由貿易國家居於不公平競爭的劣勢。

⇨ 若他國對特定產業進行補貼，雖然會導致本國廠商居於不公平的競爭地位，造成本國廠商福利減少，但這也代表本國民眾可用較便宜的價格買到他國政府補貼下所生產的產品。

⇨ 當本國採取自由貿易政策時，消費者福利的增加亦可能會超過

生產者福利的減少而使得本國整體的福利水準提高。

(5)作為貿易談判的籌碼（以設立貿易障礙作為貿易制裁的手段）。

⇒以設立貿易障礙作為貿易制裁手段，可能只是一項威嚇，而不太輕易付諸施行，因為一旦施行，亦會引發貿易對手國的報復而影響到自身的福利。

▍自由貿易帶來的衝擊

1.產業外移、本國勞工面臨失業。

(1)當市場開放之後，本國企業因禁不起競爭而關門或外移，昔日臺灣許多傳統產業外移，使得數十萬勞工一夕失業。

(2)臺灣於1985年傳統產業最活絡的年代，紡織與成衣業總共僱用了46萬人，如今已降至15萬人，電力設備製造業由16萬人降至12萬人，木竹製品業從8萬人降至2萬人，家具製品業也從7萬人降至2萬人。

2.工資下滑、貧富差距擴大。

在全球化競爭環境下，企業為壓低生產成本，紛紛採取海外生產模式。隨著企業對本國人力需求逐年減少，原來的長期僱用制度便逐漸被臨時僱用及人力派遣取而代之。這使得原本穩定的工作趨於不穩定，且薪資水準大幅滑落，造成貧富差距問題日益惡化。（于國欽，2011年5月22日）

3.貿易摩擦與衝突事件層出不窮。

(1)WTO的杜哈回合談判之所以談了12年仍未獲共識，主要係因各國仍有想保護的產業，顯示如今美、歐等國絕非盲目迷信自由化，自由化只是他們追求最大利益的手段。

(2)即便各國逐步開放市場邁向貿易自由化，然而卻不時聽聞許多國家名義上以不公平競爭為由，指控貿易對手國產業（或廠商）傾銷或接受該國政府補貼，而祭出包括反傾銷稅及反補貼稅等「雙反」措施，實則為保障本國產業（或廠商）的生存空間與從

業人員生計。遭指控國家亦不惜展開反制措施與報復手段，國與國之間的貿易摩擦與衝突事件層出不窮，貿易大戰恐一觸即發。（工商時報，2003年12月6日；韓化宇，2012年3月25日）

▌自由貿易與貿易摩擦的相關報導

1. 明辨貿易自由化的「名」與「實」（工商時報，2014年4月14日）

   (1) 日前世界經濟論壇公布的貿易便利指數顯示，臺灣企業進入別人市場的便利度名列137，倒數第二；反之，外國企業進入臺灣市場的便利度卻名列第40。韓國剛好跟臺灣相反，他們進入他國市場的便利度名列第93，別人想進韓國市場的便利度排名104，兩相比較，臺灣市場要比韓國自由許多。非僅如此，隨著自由經濟示範區在全臺遍地開花，臺灣降稅及市場開放的好處，各國皆可不勞而獲，如此還有誰會迫切地想跟臺灣談FTA？須知，FTA之所以吸引人，是在於參與者可享有特殊優惠，但當零關稅及市場開放的優惠人人有獎時，臺灣還有什麼談判籌碼足以打開他國市場？

   (2) 臺灣蕞爾小島，市場規模有限，經濟成長全繫於貿易榮枯，因此貿易自由化是最符合臺灣利益的。惟貿易競爭力係產業競爭力的延伸，如何依臺灣的產業實力，構思談判策略以參與區域經濟整合，實為執政當局首要之務。

2. 反傾銷與反壟斷：美中國際角力的續集（工商時報，2014年8月22日）

   (1) 長久以來，美國一再鼓吹全球化與自由化，除了在經濟學理論上證明全球化與自由化能夠增進全球民眾的經濟福祉，美國本身更是全球化與自由化的最大受益者。美國長期以來的貿易逆差，表面上好像為了自由貿易而付出重大代價，事實上是美國以美元特殊的鑄幣權地位，換得來自世界各地超額的貿易與服務。然而，美國除了印鈔票換得實體資源之外，也關切國際貿易對其本身產業與就業的影響，並分別由三個途徑處理：在外匯匯率上，經常監視其貿易對手國政府是否有操控匯率的不公平競爭手段；在產品價

格上，監視其國內產業是否受到國外競爭者以低價傾銷（dumping）手法進行不公平競爭；在進口產品的價格結構中是否有外國政府以任何形式的補貼，壓低產品價格形成不公平競爭。

(2)開發中國家產品輸美，經常被美國政府指控匯率操控、傾銷與補貼。對於匯率問題，美國常透過政府間談判處理，以其強大的國際政經優勢地位施壓；對於被指控傾銷與補貼的產品，則課以極高稅率的「反傾銷稅」與「反補貼稅」（俗稱「雙反」稅）。

(3)由於美國對中國輸美產品動輒施以「雙反」調查，甚至課以重稅，中國方面最近也還以顏色，祭出早於2008年8月1日生效的「反壟斷法」反制，並且為了顯示沒有針對性，對於歐美知名企業都進行調查；舉凡高通、微軟等美國資訊業者，賓士、奧迪、寶馬等知名歐洲汽車業者，都進行反壟斷調查。在汽車產業方面，據傳日系的豐田、本田和日產也遭到池魚之殃。依照中國反壟斷法規定，濫用市場支配地位的廠商，由反壟斷執法機構責令停止違法行為，沒收違法所得，並處上一年度銷售額百分之一以上、百分之十以下的罰款。

3. 歐盟針對大陸太陽能電池產品展開雙反（反傾銷、反補貼）行動後，原可能爆發一場中歐貿易大戰，雙方於2013年7月底達成大陸太陽能產品按最低價格承諾、及年度配額限制雙重條件後，終於避免一場涉及全球最大金額產品的貿易制裁案。（李道成，2013年7月28日）

4. 就高度使用能源的美國鋼鐵業而言，頁岩油能降低其生產所需的能源成本；開採頁岩油又令鑽探用鋼管、輸油管與提煉廠等鋼材使用量大增。這本來給美國鋼鐵與鋼製品的業者帶來生機，但中國、韓國與印度同業，以低價銷往美國，導致美國生產的鋼材與鋼製品價格下跌，讓人擔心最後受惠於頁岩油開採革命的是外國鋼鐵商，並非美國鋼鐵業。這使得美國醞釀對進口鋼鐵祭出反傾銷手段。（鍾志恆，2014年5月15日）

▌資料來源

1.Mankiw, N. Gregory, *Principles of Economics* (Custom Edition), Cengage Learning, 2015.

2.于國欽，中研院院士：全球化 低薪時勢所趨，工商時報，2011年5月22日。

3.工商時報，社論－反傾銷與反壟斷：美中國際角力的續集，2014年8月22日。

4.工商時報，社論－全球貿易大戰警報解除與隱憂，2003年12月6日。

5.工商時報，社論－沒有策略的自由化 非福乃禍，2013年10月23日。

6.工商時報，社論－明辨貿易自由化的「名」與「實」，2014年4月14日。

7.李道成，太陽能雙反 歐中達成協議，中國時報，2013年7月28日。

8.鍾志恆，進口鋼材 美醞釀祭雙反，工商時報，2014年5月15日。

9.韓化宇，陸連17年成全球貿易摩擦之冠，旺報，2012年3月25日。

調降雙卡利率上限

　　立法院財政委員會於2015年1月14日審查通過銀行法第47-1條修正案，將現金卡及信用卡循環信用利率上限訂為15%，自2015年9月1日起實施。在持續已久的低利環境下，雙卡利率上限要不要調降已爭議多年，立法院財政委員會過去曾多次提案要求調降雙卡利率，但都在金管會爭取下未調整，仍維持民法20%利率上限的規定，金管會僅於2014年時要求各銀行要進行雙卡利率分級，對於信用良好的持卡人，雙卡的利率上限不得超過16%。

　　銀行法明訂雙卡利率上限為15%之後，不論持卡人信用好壞一律適用，預估有80~90萬持卡人受惠。就信用卡而言，初估銀行一年的利息收入將減少5~10億元。目前信用卡循環信用餘額為1,132億元，現金卡授信餘額為230億元。金管會雖要求銀行不可藉此大規模縮減持卡人優惠，但主要發卡銀行已開始盤點因應對策。綜合各銀行的意見，列為優先檢討的服務，包括加速信用卡帳單e化、與百貨公司或購物網站合推高回饋促銷方案，以及成本高且可能被濫用的拖吊服務等三項。金管會主委表示，銀行的信用卡成本大約為13%~15%，利率若降至12%，將會造成銀行虧損，並衍生出將資金需求趕向地下金融的問題。

【摘錄：彭禎伶，雙卡利率最高不得逾15% 90萬戶受惠，工商時報，2015年1月14日；韓化宇、邱金蘭、陳怡慈、劉于甄、陳麗珠，雙卡利率降 銀行一年少收10億，經濟日報，2015年1月15日。】

問題研討

雙卡利率上限調降會對銀行業及借款民眾造成什麼影響？

◇報導7參考答案

▌基本觀念

1.政府介入（干預）市場的方式

　(1)價格管制（控制）⇨直接價格干預

　　A.價格上限（price ceiling）

　　　a.油電價格凍漲。

　　　b.利率上限（民法§205）。

　　B.價格下限（price floor）

　　　a.最低工資（基本工資）。

　　　b.農產品保證收購價格。

　(2)課稅（tax）／補貼（subsidy）⇨間接價格干預

　　A.特種貨物及勞務稅（簡稱特銷稅；俗稱奢侈稅）。

　　B.公共運輸及計程車業油價補貼機制。

2.有實效（binding）價格上限管制的影響

　(1)市場出現供不應求的短缺現象。

　(2)湧現排隊採買的人潮。

　(3)商品有限購規定（必須進行配售）。

　(4)黑市交易猖獗。

▌雙卡利率上限調降對銀行業及借款民眾所造成的影響

1.銀行授信利率反映資金成本、信用風險，與人事費用等。人為抑制價格只會導致實際交易量減少，並且產生更高的黑市價格。

2.銀行為因應利息收入的減少，勢必朝降低經營雙卡業務的成本著手，

包括：加速信用卡帳單e化、減少或取消信用卡持卡人刷卡消費優惠的回饋，以及縮減優質客戶所享有的循環信用優惠利率方案等[2]。（孫中英，2013年11月29日）

3. 雙卡利率上限調降之後，可能會造成部分銀行因無利可圖、甚至虧損而退出雙卡業務市場，造成弱勢持卡人反倒借貸無門，不僅無法受惠於此立意良善的政策，甚至在無路可走的情況下，須轉向地下錢莊借貸，結果背負更高的利息負擔。

▌管控費率與利率的相關報導

1. 管控油電費率 變相鼓勵耗費能源（呂紹煒，2011年12月26日）

   (1) 政府實施「油電凍漲機制」，表面上是讓油電價格平穩，但實際上卻是讓中油、臺電大虧損，也就是變相地由國庫補貼油、電消費。拜這個管控公共事業費率「德政」之賜，國庫一年補貼油電消費者1,000多億。

   (2) 這個政策最不公平與最糟糕之處在於讓全體國民去補貼油電消費，使用越多者得到的補貼越高。國內用電大戶都是事業單位，因此也等於是一般民眾補貼企業，越大型的企業得到的補貼越多。再從以價制量的觀點看，這種補貼更是變相鼓勵民眾與企業多使用、甚至浪費寶貴的能源。臺灣是能源缺乏國家，98%的能源仰賴進口，提高價格才有節約的誘因，政府管控公共事業費率，顯然與其課徵能源稅的理念不同調。

2. 降卡債族利息負擔 愛之反害之（中國時報，2013年12月18日）

   (1) 自從金融海嘯、歐債危機接續而至，各國央行為了支持瀕臨衰退的經濟困局，紛紛強力介入市場，透過大幅調降基準利率、量化寬鬆（QE）向市場大量挹注流動性。臺灣央行亦不例外，重

---

[2] 另外，銀行在借貸契約上可透過收取較高的服務費用（如：簽約金、契約設定費等）來規避借款利率上限的管制，並藉此彌補短收的利息（楊少強，2013年12月4日）。

貼現率始終維持在2%以下，但攸關小老百姓的信用卡及現金卡
（簡稱雙卡）利率卻未跟著調降，卡債族仍然面對將近20%的循
環利率負擔，部分輿論將矛頭指向政策包庇銀行業合法「劫貧濟
富」。苦民所苦的立委為弱勢卡債族發聲，委員會決議民法利率
上限由20%調降至16%，希望減輕卡債族的利息負擔。

(2) 但民法利率上限的調降，並不一定能幫助卡債族。銀行並非慈善
事業，不可能做賠錢生意，循環利率與市場利率的差距反映的是
借款人的還款風險，風險愈高，利差自然愈大，一旦利率上限下
調，銀行勢必減少高風險放貸，使用高循環利率的消費者，將
被迫由正常的借貸管道轉向地下錢莊借錢，這些相對弱勢的族
群，未來將如何面對討債集團呢？

(3) 日本歷史經驗指出，2006年將貸金業者利率上限由75%降至
25%，消費性融資利率由29%降至為20%後，消費性貸款核准率馬
上由55%降至30%，放款餘額銳減25%，直接衝擊民間消費的成
長，同時遭受地下錢莊危害而求助的民眾也創歷史新高，一度造
成經濟成長與社會公平雙輸的局面。

▌資料來源

1. 中國時報，社論－降卡債族利息負擔 愛之反害之，2013年12月18日。
2. 呂紹煒，我見我思－管控費率？別鬧了，中國時報，2011年12月26日。
3. 孫中英，調降利率上限 民眾未必有利，聯合報，2013年11月29日。
4. 彭禎伶，雙卡利率最高不得逾15% 90萬戶受惠，工商時報，2015年1月14日。
5. 楊少強，調降利率上限反害到窮人，商業周刊，1360期，2013年12月4日。
6. 韓化宇、邱金蘭、陳怡慈、劉于甄、陳麗珠，雙卡利率降 銀行一年少收10億，經濟日報，
2015年1月15日。

報導8

臺灣銀行業的營運與發展

　　臺灣銀行業普遍規模不大，業務重心偏於國內，整體產業競爭力不足，也限縮了銀行向外發展的可能。

　　國內資產最高的臺灣銀行，世界排名僅為163名，而前三大銀行市占率只有25.2%，不僅低於新加坡的94.25%、香港的60%，甚至比美國的42.38%還低。除此之外，更有14家銀行市占率不到1%。彼此搶食有限商機，銀行間過度競爭的態勢極為明顯。

　　近年來隨著大環境的改變，本國銀行獲利已有改善，股東權益報酬率（ROE）已由2011年的8%上升至2013年的10%。不過相對亞洲前100大銀行14%的水準，仍有段差距。主要係因業務同質性高，價格競爭淪為主要經營模式，造成銀行機構利差縮小，加上手續費折讓，在在侵蝕正常獲利。

　　利潤目標無法達成，也間接弱化了財務結構。本國銀行第一級資本適足率近年來維持在9%的水準，不只低於歐美銀行業的13%，也不如亞洲主要銀行的11%。無論從市場結構或獲利狀況來看，皆顯示銀行業已面臨困境。若只冀望藉著銀行本身創造盈餘進行調整，速度慢、效果差，唯有結合外部力量整合併購，才能有效改善，突破困境。

【摘錄：工商時報，社論－國內銀行業整併應儘快啟動，2014年2月23日。】

問題研討

　　可分別用哪三項指標來衡量銀行業的產業結構（或競爭程度）、財務結構與獲利情況？臺灣銀行業競爭力不足的原因為何？

◇報導8參考答案

▌基本觀念

1. 產業集中度指標（陳正倉、林惠玲、陳忠榮、莊春發，2012）

   (1) 前四大廠商的市場占有率（four-firm concentration ratio）

   A. $CR_4 = \sum_{i=1}^{4} S_i$（$S_i$為最大四家廠商的市場占有率）。

   B. CR_4係加總產業中最大四家廠商的市場占有率而得，故其值介於0與1之間，值愈大代表集中度愈高，亦即市場愈可能由產業中前四大廠商所支配。

   (2) 賀氏指數（Herfindahl-Hirschman Index, HHI）

   A. $HHI = \sum_{i=1}^{n} S_i^2$（$S_i$為第$i$家廠商的市場占有率；$n$為產業中的廠商家數）。

   B. HHI係將產業中每一家廠商的市場占有率平方後加總而得，故其值介於（$1/n$）與1之間，值愈大代表產業集中度愈高，亦即產業中廠商市場占有率的不均度較高；反之，則代表產業中廠商的市場占有率較平均。

2. 銀行獲利性的衡量指標

   (1) 資產報酬率（return on assets, ROA）⇨ 衡量銀行經營效率

   ROA＝稅後淨利／資產總值（每一元資產所賺得的稅後淨利）。

   (2) 權益報酬率（return on equity, ROE）⇨ 衡量股東（權）投資的效益

   ROE＝稅後淨利／權益資本額（每一元權益資本所賺得的稅後淨

利）。

3. 銀行財務狀況的評估標準：CAMELS（黃昱程，2014）。

(1)資本適足性（capital adequacy）

A.自有資本／風險性資產（衡量自有資本支應風險性資產的程度）。

B.第一類資本／風險性資產（衡量第一類資本支應風險性資產的程度）。

(2)資產品質（asset quality）

A.逾期放款／總放款（衡量放款品質）。

B.備抵呆帳覆蓋率＝放款備抵呆帳／逾期放款（衡量提存之備抵呆帳覆蓋逾期放款損失的比率）。

(3)經營品質（management quality）

A.總收入／平均資產（衡量資產管理能力）。

B.利息淨收益／平均資產（衡量資產負債管理能力）。

(4)獲利能力（earnings）

A.資產報酬率＝稅前純益／平均資產（衡量資產使用效益）。

B.淨值報酬率＝稅前純益／平均淨值（衡量自有資本的獲利能力）。

(5)流動性（liquidity）

A.流動資產／新臺幣負債（衡量流動性資產因應負債的能力）。

B.流動資產／流動負債（衡量流動性資產因應短期負債的能力）。

C.存款／放款（衡量穩定資金來源支應非流動性資產的能力）。

(6)市場風險敏感性（sensitivity to market risk）

A.外匯淨部位／淨值（衡量淨值受匯率波動的影響程度）。

B.權益證券淨部位／淨值（衡量淨值受股價變動的影響程度）。

銀行業產業結構（或競爭程度）、財務結構與獲利性的衡量指標

1. 產業結構（或競爭程度）－前三大銀行市占率。

2. 財務結構－第一級資本適足率。

3. 獲利性－股東權益報酬率（ROE）。

臺灣銀行業競爭力不足的原因

1. 經營規模不大（資產最高的臺灣銀行，世界排名僅163名；前三大銀行市占率只有25.2%；14家銀行市占率不到1%）、業務重心偏向國內。
2. 同業間業務同質性高，以價格競爭（包括：存放款利差縮小、手續費折讓等）為主的經營模式，壓縮了正常獲利空間。
3. 財務結構（如：第一級資本適足率）仍不夠穩健。

金融管制與銀行營運的相關報導

1. 全球前三十大銀行資本規定趨嚴（林國賓，2014年11月11日）
   (1) 為了解決全球銀行業大到不能倒的問題，總部位於巴塞爾的金融穩定委員會（FSB）擬起草新資本要求規定。根據草案，全球前三十大銀行依據風險加權資產必須提列的所謂總損失吸收能力（TLAC）最低資本準備率，將提高到16%至20%，以防止這些大銀行萬一倒閉時引發全球金融危機。
   (2) 另外，這些大銀行在槓桿要求的資本準備率也會比一般巴塞爾法定要求要高出一倍，舉例來說，如果槓桿比率為3%，那具有系統重要性銀行資產槓桿資本準備率就必須是總資產的6%。換言之，大型金融機構在爆發危機時，將有約21%至25%的風險加權資產可用來自救。
2. Fed要求八大銀行提高資本緩衝（蕭麗君，2014年12月11日）
   (1) 為減少美國金融系統風險，聯準會（Fed）正研擬新的資本規定，要求全美八家大型銀行提高資本緩衝。聯準會對美國大型銀行提出新的資本要求，已經超過巴塞爾協定對全球銀行設立的最低標準，其目的在於對這些銀行施壓，要求它們縮減規模，以避免這些銀行一旦破產或倒閉，恐對美國金融系統造成嚴重的負面衝擊。

(2)根據新的規定，全美八大銀行需額外增加1%至4.5%之間的資本緩衝，其比率視這些銀行對金融系統造成的威脅而定。全美多數大型銀行的資本水位雖然已經達到所需要求，不過它們可能需要建立更多資本緩衝以持續超出要求以上，這也意味它們必須每年保留部分的獲利比重來強化資本。

3. 銀行該調高存款利率嗎？（孫彬訓，2012年10月16日）

(1)國銀利差揮別金融海嘯後最低點的1.11個百分點、2012年第2季來到1.42個百分點，主要原因就是銀行在企業放款上嚴守利率，不輕易殺價，房貸則因政府各方要求，使得利率節節攀高，也讓2012、2013兩年的國銀獲利可望創新高。但在此同時，國銀獲利滿滿，民眾卻因負利率、房貸利率走高，錢包愈來愈薄，公庫行庫如果有政策把關住房貸等相關貸款利率的底線，或許也可以回頭想想，是否可調高存款利率來回饋存款戶。

(2)銀行經營的不確定性高，要調整利率，必須跟著放款利率走，且國銀的獲利若從ROA（資產報酬率）、ROE（股東權益報酬率）的角度來看，還是遙遙落後全球各國，國外銀行利差更普遍在2~3個百分點以上。從這個觀點來看，除非央行上調利率，否則銀行似乎沒什麼調高存款利息的空間；但問題是，銀行的房貸利率應該是和存款利率同步調整，如果政策要求房貸利率上調，存款利率永遠停在谷底，好像也不合理。

(3)銀行該不該調利率，應該視資金情勢和市場機制決定，現在臺灣金融業最大的問題，來自市場功能常不敵主管機關的指導棋，不論是放款利率調漲，或是要銀行擔負特定族群優惠存款利率補貼，其實都是不公平的方式。如果銀行經營可以更自主，透過內部對業務結構的調整來爭取更多獲利和利差空間，一方面我們可以有經營更健全的銀行，一方面銀行也會有更多的彈性去調整存放款利率，而不是一個口令一個動作，這也才是全民之福。

▎巴塞爾資本協定（The Basel Capital Accord）的發展沿革與內涵（黃昱程，2014）

1. 巴塞爾資本協定（The Basel Capital Accord, Basel I）

   (1) 國際清算銀行（Bank for International Settlement, BIS）所屬巴塞爾銀行管理及監督委員會（The Basel Committee on Banking Regulations and Supervisory Practices）於1988年發布。

   (2) 規範銀行的最低資本適足率（須達8%）。

   (3) 對於資產風險的分類過於粗糙。

   (4) Basel I 僅考量信用風險與市場風險，未涵蓋作業風險等銀行可能面臨之其他重大風險。

   (5) 1999年6月發布資本協定修正諮詢文件，並歷經多次研議修正。

2. 新版巴塞爾資本協定（Basel II）

   (1) 2004年6月發布新版資本協定（簡稱Basel II），並自2006年底實施。

   (2) 考量各種資產所面臨不同種類與程度之風險，要求銀行應有足夠資本來承擔業務風險。（⇨風險基礎觀點）

   (3) 自有資本占加權風險性資產比率（資本適足率）須達8%。

   (4) 自有資本分為第一類資本（普通股、永續非累積特別股、資本公積等）、第二類資本（永續累積特別股、可轉換債券等）及第三類資本（短期次順位債券等）。

   (5) 加權風險性資產係指信用風險加權資產總額，加計市場風險與作業風險應計提之資本乘12.5倍的合計數。

   (6) 「信用風險加權資產」的計算係依信用曝險程度將資產分類，決定風險權數或風險因子，再加權計算求得。

   (7) 「市場風險應計提資本」係指銀行為因應市場價格（利率、匯率、股價等）波動造成銀行損失之風險，而須計提的資本數額。

(8)「作業風險應計提資本」係指銀行為因應內部作業或人員疏失、以及系統不當或失誤等造成銀行損失之風險，而須計提的資本數額。

3. 第三版巴塞爾資本協定（Basel III）

(1) 2010年發布，自2013年起逐年提高自有資本比率要求，2019年調整完成（即緩衝期9年）。

(2) 自有資本比率的調整

　A.核心資本（包括各項普通股權益）比率：2%→4.5%。

　B.第一類資本比率：4%→6%。

　C.簡化第二類資本的組成項目；不再有第三類資本。

(3) 增加計提緩衝資本

　A.保護緩衝資本（capital conservation buffer）比率：2.5%。

　B.反景氣循環緩衝資本（countercyclical buffer）比率：0~2.5%（景氣佳時提撥；授權各國於範圍內自行裁量）。

(4) 加計保護緩衝資本比率

　A.核心資本比率：7%。

　B.第一類資本比率：8%。

　C.資本適足率：10.5%。

(5) 流動性比率最低要求

　A.短期（30天內）：

　　流動性覆蓋率＝優質流動資產／30天內淨現金流出量 ≥ 100%

　B.長期（1年以上）：

　　穩定資金比率＝可取得穩定資金／資金需求量 ≥ 100%

(6) 限制槓桿比率

　A.防止銀行過度使用財務槓桿。

　B.第一類資本占總資產比率：不得低於3%（即總資產不得超過第一類資本的33.33倍）。

▎ 資料來源

1.工商時報，社論－國內銀行業整併應儘快啟動，2014年2月23日。

2.林國賓，全球前三十大銀行資本規定趨嚴，工商時報，2014年11月11日。

3.孫彬訓，新聞分析：該調高存款利率嗎？，工商時報，2012年10月16日。

4.陳正倉、林惠玲、陳忠榮、莊春發，產業經濟學（二版），臺北：雙葉書廊有限公司，2012年3月。

5.黃昱程，貨幣銀行學（第四版），臺北：華泰文化事業股份有限公司，2014年1月。

6.蕭麗君，Fed擬新規 要八大銀行增資，工商時報，2014年12月11日。

臺灣經濟成長動能漸失的根本原因

從過去30年臺灣的發展經驗研判，如今經濟不佳的根本原因係出口及薪資失去成長動能。出口不佳導致民間投資卻步，而薪資停滯則導致民間消費疲弱，檢視GDP＝C＋I＋G＋X－M，當消費（C）、民間投資（I）、出口（X）都失去動能，加上政府負債累累難以擴大支出（G），如此年復一年，經濟成長率（GDP的實質增幅）怎麼好得起來？

10年前臺、韓的出口規模旗鼓相當，但2012年臺灣出口總額僅南韓的55%，2012年南韓全球出口排名升至第7，臺灣降至第17；至於服務輸出的排名，南韓躍升至第13，臺灣則退後至第26。對於臺灣外貿競爭力滑落，長期以來有不少論述，諸如代工產業缺少品牌、專利技術仰賴美歐、出口過度集中於科技產品等等；除此以外，近年大陸十二五規畫發展的重點產業多與臺灣明星產業重疊，大陸如今面板、石化、電機、汽機車等產業的自給率提升，對臺灣的依賴降低，隨著「投資帶動貿易」的效果式微，臺灣出口豈能不被南韓超越？

除了外貿趨緩這項原因之外，影響臺灣經濟成長的另一項重要因素就是民間消費。臺灣民間消費近10年的平均年增率僅2.3%，與昔日直有天壤之別，如此微弱的消費成長如何帶來繁榮？而造成消費

乏力的主因，正是實質薪資長期停滯。依主計總處公布的資料，臺灣2013年前八個月的實質薪資水準非但低於2012年同期，也低於1998年的水準，這是臺灣近半世紀經濟發展歷程中未曾出現的情況，也是各國罕見的現象。在薪資倒退、物價上漲、房價飆升的大環境下，無須高深的經濟學知識也可明白，民間消費是絕對難以提振的，而民間消費難以提振，經濟成長豈有好轉之理？

【摘錄：工商時報，社論－臺灣經濟成長動能漸失的根本原因，2013年11月5日。】

問題研討

臺灣經濟成長動能為何無法提振？

◇報導9參考答案

▎基本觀念

1. GDP的衡量（GDP三面等價原則）
   (1) 生產成果（生產面）→ 所得（分配面／所得面）→ 消費、投資（需求面／支出面）。
   (2) 生產面
      生產總額－中間投入＝生產毛額（＝附加價值）。
   (3) 分配面／所得面
      衡量生產要素所賺取的總收入。
   (4) 需求面／支出面
      衡量經濟體系所有部門的最終需求。
2. GDP的組成（需求面／支出面）

(1)消費（consumption, C）

家計單位花費在財貨及服務的支出。

(2)投資（investment, I）

花費在建築物、資本設備與存貨的支出（包括家計單位的購屋支出）。

(3)政府支出（government purchases, G）

各級政府部門花費在財貨及服務的支出【不含無償給付的移轉支出（transfer payment），如：社會福利支出】。

(4)淨出口（net exports, NX＝X－M）

財貨及服務的輸出金額減去財貨及服務的輸入金額。

▎臺灣經濟成長動能無法提振的原因

1. 外貿競爭力滑落造成出口（X）衰退，並進而導致民間投資（I）卻步。

2. 受薪階級實質薪資長期停滯，再加上食安風暴衝擊，導致民間消費（C）疲弱。

3. 政府財政拮据、負債累累，無力藉由擴大公共建設支出（G）以帶動經濟成長。

▎影響支出面GDP的相關報導

1. 你所不知道的民間消費（于國欽，2013年8月1日）

(1)2013年第二季經濟成長優於原預測數，依主計總處的統計，民間消費、海關出口是功臣。出口居功厥偉可以理解，因為第二季出口比預測數高出500億元臺幣，但民間消費怎麼可能是功臣？

(2)受到禽流感、毒澱粉等事件影響，第二季餐館業實質營收衰退2.2%，布疋與服飾的零售也下滑3.4%、文教育樂用品減4.6%，消費最大宗的資訊家電、汽機車則幾乎零成長，全體零售的實質營收僅微增0.4%。加上實質薪資又退回16年前水準，如此，消費不冷才怪。主計總處5月下旬預測第二季民間消費僅成長1.42%，事

實上這一季的餐飲、零售的表現確實不佳，那麼何以民間消費成長率概估數達1.61%，竟比預測還好？

(3) 這是因為國際上在國民所得統計的定義中，除了食、衣、住、行、育、樂的花費之外，股市交易的手續費、購買共同基金的服務費也算民間消費。由於第二季上市櫃股票成交值成長12.4%、共同基金服務費也較前一年同季成長44.5%，有分析認為這可能與美國聯準會主席柏南克於6月暗示QE（量化寬鬆措施）準備要退場，投資人大量贖回基金有關。但卻因以上這兩股力量就為民間消費成長率貢獻了0.2~0.3個百分點，而這就是第二季民間消費優於預期的最重要原因。

2. 研發支出改列民間投資（于國欽，2013年11月30日）

(1) 2013年8月美國政府公布的2012年GDP，比原編數增加5,598億美元，規模膨脹3.6%，主因是將研發支出改列民間投資，這是繼10年前電腦軟體支出改列投資後，對投資定義又一次修正，引起各界矚目。過去研發支出被認為是企業生產活動的中間投入，因此不能計入GDP，但新版的編算標準（2008 SNA）認為在生產活動中，研發係知識的累積，和購置電腦軟體、生產設備一樣，對生產活動的貢獻皆逾一年，應改列為投資而計入GDP。

(2) 行政院主計總處於2013年11月29日召開國民所得統計評審會議，決議自2014年11月GDP五年修正時，採用新版的國民經濟會計制度（2008 SNA），將研發支出改列為民間投資，並回溯修正。以2011年為例，臺灣的GDP將因此擴大4,300億元，而經濟成長率則將由4.19%微升至4.20%。至於2008 SNA同時也把書籍、影音創作等智慧財產權改列民間投資，我國是否跟進則還在評估。

國民所得統計（行政院主計總處，2014年12月）

1. 國民經濟會計制度

為協助各國統計發展，提供經濟計畫之依據，聯合國於1953年研訂國

民經濟會計制度（System of National Accounts, SNA），簡稱53SNA。

(1)藉收支平衡原理，探尋所得之來源及其去向，剖析生產、分配、投資、輸出與輸入等經濟活動狀況及其相互關係。

(2)順應全球化等經濟情勢發展及各國實際需要，聯合國分別於1968、1993及2008年三度修訂SNA規範（簡稱68SNA、93SNA及08SNA）。

2.臺灣地區國民所得統計編制沿革

(1)自1953年起，即以聯合國SNA為藍本，按年編算臺灣地區國民所得。

(2)1965年4月成立國民所得統計評審會。

(3)1988年8月正式發布68SNA結果。

(4)2005年11月配合93SNA進行修訂改編作業。

A.礦藏探勘費用與電腦軟體支出改列固定資本形成。

B.間接衡量之金融中介服務改依使用對象分配。

C.政府基礎建設提列固定資本消耗。

D.列入實際最終消費觀念。

(5)2014年11月配合08SNA進行修訂改編作業。

A.研發支出由中間消費改列固定投資。

B.政府部門彙編社會安全基金統計。

C.保險服務衡量方法改進。

D.採連鎖法代替定基法計算經濟成長率。

▎資料來源

1.工商時報，社論－臺灣經濟成長動能漸失的根本原因，2013年11月5日。
2.于國欽，新聞分析－你所不知道的民間消費，工商時報，2013年8月1日。
3.于國欽，研發支出 改列民間投資，工商時報，2013年11月30日。
4.行政院主計總處，2013年國民所得統計年報，2014年12月。

要素收入變化
與所得分配趨勢

通常我們會以吉尼係數（Gini coefficient）或以五等分位、十等分位的高低所得差距來衡量所得分配，但除了這兩種衡量方式之外，還有其他統計可供研判。其中，國內生產毛額（GDP）的各要素收入變化，正是一項極重要的參考指標。

除了從「支出面」及「生產面」來觀察GDP之外，還有第三個面向，那就是「分配面」。GDP最後仍需分配給勞工、資本、土地等這些生產要素的提供者作為報酬，勞工獲得工資、資金提供者獲得股利或利息、土地提供者獲得租金，加總這些所得（受僱人員報酬、營業盈餘、固定資本消耗及間接稅淨額）也剛好會等於GDP。

我國在1989年至1996年間，受僱人員報酬占GDP的比例介於50.5%至51.7%，此後逐年下滑，2008年降至46.3%，2013年續降至44.65%。20多年來的數據雖偶有上下，但長期趨勢就是持續下滑，這個時間數列說明：「勞工所分享到的經濟成長果實愈來愈少。」然而，20餘年來營業盈餘占GDP比例則呈現長期走高，這個比例在1996年以前還不到30%，但2013年已升至33.45%。換言之，多數成長的果實都分配給擁有資本者如企業大股東，以及擁有不動產者。

其實，受僱人員報酬占GDP比例下滑並不令人意外。所謂受僱報酬最主要的就是工資，我國這些年工資幾呈停滯，2008年到2013年臺灣經濟並非沒有成長，期間甚至有超過10%的經濟成長，但工資卻仍持續停滯不增。

長期以來執政者一直期待成長可以解決分配不均的問題，他們認為經濟成長愈高，企業獲利愈多，就會給員工加薪，如此一來所得分配就會獲得改善。但從20多年來GDP分配面的數據可以發現，經濟成長使得贏者圈愈來愈小，所得日趨集中，而勞工所能分享的成長果實僅杯水車薪，年甚一年，如此所得分配豈有不惡化之理？

【摘錄：工商時報，社論－從新編GDP看所得分配趨勢，2014年12月18日。】

問題研討

可用哪些指標來判斷所得分配是否平均？臺灣所存在所得分配惡化的事實為何？

◇報導10參考答案

▌基本觀念

1. GDP的組成（分配面／所得面）

　(1)國內要素所得

　　A.受僱人員報酬。

　　B.營業盈餘（包括：股息股利、地租、利潤）。

　(2)間接稅淨額（間接稅減補貼）。

　(3)固定資本消耗（折舊）。

2. 所得分配的衡量指標

  (1)羅倫茲（Lorenz）曲線與吉尼（Gini）係數。

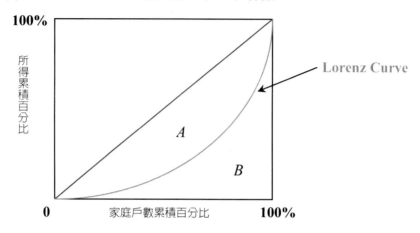

    A.羅倫茲曲線係反映實際的所得分配狀況，對角直線（即45度線）則反映所得分配絕對平均，因此曲線與對角直線間之距離愈遠表示所得分配不均等程度愈高。

    B.$0 \leq$ 吉尼係數 $= \dfrac{A}{A+B} \leq 1$，

    吉尼係數愈大，代表所得分配愈不平均。

  (2)五等分位所得差距倍數（最高最低級距所得倍數）。

    A.五等分位所得差距倍數 $= \dfrac{\text{最高20\%家庭平均可支配所得}}{\text{最低20\%家庭平均可支配所得}}$

    B.五等分位所得差距倍數愈大，代表所得分配愈不平均。

▌所得分配的衡量指標

1. 吉尼（Gini）係數。

2. 五等分位、十等分位所得差距倍數。

3. 所得面的GDP組成中各要素收入變動趨勢。

▌臺灣所得分配惡化的事實

勞工所分享到的經濟成長果實愈來愈少,多數成長的果實都分配給擁有資本者,如企業大股東,以及擁有不動產者。

1. 1989至1996年間,受僱人員報酬占GDP的比例介於50.5%至51.7%,之後逐年下滑,2008年降至46.3%,2013年續降至44.65%。

2. 營業盈餘(包括資金提供者所獲得的股利或利息、土地提供者所獲得的租金等)占GDP的比例在1996年以前還不到30%,但2013年已升至33.45%。

▌貧富差距問題的相關報導

1. 大陸貧富不均惡化中(曾薏珊,2013年7月28日)

   (1) 《華爾街日報》報導,北京大學進行了一項大陸家庭動態跟蹤調查,在大陸5省走訪14,960戶家庭,調查結果凸顯出大陸貧富不均的問題。調查指出,2012年,大陸25%低收入家庭僅占全大陸家庭總收入的3.9%,而25%高收入家庭卻占全大陸家庭總收入的59%;收入最高的5%家庭,其收入占所有家庭總收入約1/4,收入最低的10%家庭收入僅占總收入1%;吉尼係數值為0.49。這些數據都反映出大陸貧富不均愈來愈惡化。

   (2) 相較於2010年的吉尼係數值0.51,2012的數值較低,這是因為農村居民收入增加的速度較城鎮居民快。儘管如此,若和國際且與過去大陸的數據相比,大陸目前貧富不均的程度仍令人驚訝。而收入分配嚴重不均可能導致社會不安等問題。其次,隨著經濟成長趨緩,失業問題更是受關注的焦點。調查指出,大陸官方失業率為4.4%,但若加入計算隱形的失業人口,如無法找到合適工作最後放棄求職的人群,大陸的失業率將高達9.2%。

2. 美國夢碎 貧富差距破紀錄(王傳強,2014年12月21日)

   (1) 2014年美國人口普查局的調查顯示,全球最大都市的紐約是全美

所得分配不均第三嚴重的城市，約4萬個居民年薪僅有12,300美元，低於貧窮線之下。諷刺的是，紐約市卻享有全球最多身價超過10億美元的富豪。整體而言，美國城市的平均吉尼係數為0.45，這個數字已破了公認分配不均的防線0.4。

(2)事實上，紐約並非美國貧富不均最嚴重的城市，位於康乃狄克州的布里奇波特－斯坦福鎮以0.55超高吉尼係數奪下分配不均之冠。這個城市為全球主要對沖基金與基金經理人落腳的總部，當地最富有的20%家戶握有約60%的城市收入。

(3)在美國十大分配不均的城市中，洛杉磯的吉尼係數為0.5。另外，位於猶他州的奧格登（Ogden-Clearfield），則為全美所得分配最平均的城市，這個城市最富有的20%家戶握有約40%的城市總收入。

▍臺灣稅負資料的所得分配研究結果（張翔一、陳一姍，2015年1月25日）[3]

由中研院院士朱敬一與胡勝正主持，聯合4位新生代財經學者，採用全球頂尖所得分配資料庫（WTID, World Top Income Database）一樣的研究方法，花了4個月時間，研究財政部歷年的稅籍資料後，建立了臺灣版的「1%比99%」貧富差距歷年資料庫。

1.根據該項研究結果顯示，臺灣前1%鉅富所得占比，在2000年前後開始穩定攀高，如今已占全國所得的10.85%，所得集中度超越日本的

---

[3] 二十一世紀資本論作者皮凱提（Thomas Piketty）曾在接受《天下雜誌》專訪時指出，五分位法與吉尼係數把太多抽象的東西放在一起，很令人分心；用稅收、遺產稅萃取出更具體的數字去呈現「不公平」，才能貼近人們真實感受。（張翔一、陳一姍，2015年1月25日）另外，國內多位研究所得分配的專家認為，臺灣貧富差距衡量的資料來自於主計總處所作的「家庭收支調查」，由於該項調查係採抽樣方式，容易因高所得受訪戶拒訪而調查失真，因此目前國際的趨勢則已改用相對更具公信力的稅負資料進行研究。（張翔一、吳挺鋒、熊毅晰，2014年6月11日）

9.51%，直追韓國的12.23%、新加坡的13.85%。（美國前1%富人的全國所得占比為19%）

2. 臺灣所得前10%的所得占比則為35.5%，低於日本的40.5%、韓國的44.87%、新加坡的41.85%，並不算高。

3. 不論是1%或10%，臺灣自1980年所得分配最平均的美好年代之後，富人所得占比增加的速度，就比日本、新加坡來得高，僅次於韓國。另外，過去30年，臺灣頂尖收入1%鉅富多拿到全國所得的5.2%，是臺、新、日、韓等四國中獲取比例最高的，而頂尖收入10%則多獲取14.1%，也僅次於韓國的增幅。

▍臺灣歷年GDP的各要素收入分配概況（參閱表10-1與圖10-1）

表10-1　臺灣歷年GDP的各要素收入分配概況

資料編算規範	年度	GDP（當期金額；新臺幣百萬元）	受僱人員報酬 當期金額（新臺幣百萬元）	占GDP比例（%）	營業盈餘 當期金額（新臺幣百萬元）	占GDP比例（%）
1968 SNA	1979	1,195,838	549,918	45.99	356,124	29.78
	1980	1,491,059	699,269	46.90	448,984	30.11
	1981	1,773,931	867,655	48.91	518,670	29.24
	1982	1,899,971	953,194	50.17	545,566	28.71
	1983	2,100,005	1,033,293	49.20	614,025	29.24
	1984	2,343,078	1,168,132	49.85	685,084	29.24
	1985	2,473,786	1,244,976	50.33	719,539	29.09
	1986	2,855,180	1,410,107	49.39	899,214	31.49
	1987	3,237,051	1,582,921	48.90	1,035,549	31.99
	1988	3,523,193	1,769,287	50.22	1,071,661	30.42
	1989	3,938,826	2,025,039	51.41	1,152,382	29.26
	1990	4,307,043	2,274,546	52.81	1,205,211	27.98
	1991	4,810,705	2,541,170	52.82	1,341,671	27.89
	1992	5,337,693	2,860,642	53.59	1,426,376	26.72
	1993	5,874,513	3,123,335	53.17	1,576,283	26.83
	1994	6,376,498	3,408,726	53.46	1,705,614	26.75
	1995	6,892,046	3,696,125	53.63	1,841,934	26.73

資料來源：
[1]行政院主計處，中華民國臺灣地區國民所得（1996年），1996年9月。
[2]行政院主計處，國民所得統計年報（2005年），2006年11月。
[3]行政院主計處，國民所得統計年報（2009年），2010年12月。
[4]行政院主計總處，國民所得統計年報（2013年），2014年12月。

表10-1　臺灣歷年GDP的各要素收入分配概況（續）

資料編算規範	年度	GDP（當期金額：新臺幣百萬元）	受僱人員報酬		營業盈餘	
			當期金額（新臺幣百萬元）	占GDP比例（%）	當期金額（新臺幣百萬元）	占GDP比例（%）
1993 SNA	1996	7,944,595	3,959,795	49.84	2,537,180	31.94
	1997	8,610,139	4,252,342	49.39	2,806,738	32.60
	1998	9,238,472	4,472,114	48.41	3,138,485	33.97
	1999	9,640,893	4,637,590	48.10	3,316,026	34.40
	2000	10,187,394	4,893,571	48.04	3,519,057	34.54
	2001	9,930,387	4,799,050	48.33	3,332,529	33.56
	2002	10,411,639	4,791,056	46.02	3,694,321	35.48
	2003	10,696,257	4,957,883	46.35	3,822,051	35.73
	2004	11,365,292	5,199,412	45.75	4,029,449	35.45
	2005	11,740,279	5,436,252	46.30	4,095,325	34.88
	2006	12,243,471	5,698,931	46.55	4,204,829	34.34
2008 SNA	2007	13,407,062	5,933,100	44.25	4,615,418	34.43
	2008	13,150,950	6,025,652	45.82	4,152,383	31.57
	2009	12,961,656	5,779,248	44.59	4,182,474	32.27
	2010	14,119,213	6,165,437	43.67	4,871,013	34.50
	2011	14,312,200	6,463,779	45.16	4,663,407	32.58
	2012	14,686,917	6,610,923	45.01	4,653,419	31.68
	2013	15,221,201	6,718,339	44.14	5,033,247	33.07

資料來源：

[1]行政院主計處，中華民國臺灣地區國民所得（1996年），1996年9月。

[2]行政院主計處，國民所得統計年報（2005年），2006年11月。

[3]行政院主計處，國民所得統計年報（2009年），2010年12月。

[4]行政院主計總處，國民所得統計年報（2013年），2014年12月。

資料來源：同表10-1。

圖10-1　臺灣歷年GDP的各要素收入分配概況（1951年至2013年）

▌資料來源

1.工商時報，社論－臺灣經濟成長動能漸失的根本原因，2013年11月5日。

2.王傳強，美國夢碎 貧富差距破紀錄，臺灣醒報，2014年12月21日。

3.行政院主計處，中華民國臺灣地區國民所得（1996年），1996年9月。

4.行政院主計處，國民所得統計年報（2005年），2006年11月。

5.行政院主計處，國民所得統計年報（2009年），2010年12月。

6.行政院主計總處，國民所得統計年報（2013年），2014年12月。

7.曾蕙珊，北大調查 陸貧富不均惡化中，旺報，2013年7月28日。

8.張翔一、吳挺鋒、熊毅晰，臺灣貧富差距創新高！1%比99%的戰爭，天下雜誌，549期，2014年6月11日。

9.張翔一、陳一姍，1%拿走11%：貧富差距的臺灣真相，擷取自天下雜誌全球資訊網：http://goo.gl/tgO1b2，2015年1月25日。

國民所得統計三次改版
所創造的債務改善表象

　　我國中央政府債務餘額占GDP比率早在10年前,也就是2004年初時已達39.1%,然而近期預估至2015年底時,中央政府債務餘額占前三年度平均名目GDP比率竟可下降至36.2%。何以政府年年舉債,其間還歷經五年5,000億、四年5,000億等至少六次特別預算案,舉債總數逾兆元,結果債務餘額占GDP比率竟不升反降,難道是政府還清了部分債務嗎?

　　答案當然是否定的,政府近年來雖致力於財政健全,但在外界意見紛紜下,步履蹣跚,收效甚微,政府預算依舊年年入不敷出,非舉債無以度日,哪來閒錢還債。那麼債務比率何以會下降?有人又會想到,那一定是GDP快速成長稀釋了這項債務比率。這話聽起來有幾分道理,但10年來我們經濟除了少數幾年差強人意之外,GDP成長極為有限,光靠成長不太可能稀釋這個債務比率。

　　那麼,到底是什麼原因讓我們的債務比率不升反降?答案會令外界有些意外。真正原因在於10年來,我們國民所得統計進行了三次改版。2005年首次改版重點是將企業購買軟體支出、金融中介服務費改列民間投資、民間消費,這兩類支出原來不計入GDP,經改版回溯修正後,讓GDP一年的規模擴大4、5千億元;2009年二次改版,

參照歐美將央行產值改依成本法編算，同時把自有品牌的無煙囪企業改列製造業，改版回溯修正後，GDP彈指之間又擴大3千餘億元；另外，鑒於近年各國參照2008年聯合國的國民經濟會計編算準則，將企業研發改列民間投資，2014年底我國三度改版採納此一新定義，這一改變又讓臺灣一年GDP規模擴大逾6千億元。

這三次改版讓GDP的規模增胖許多，政府債務占GDP比率幾經稀釋，自然是不升反降。以2004年為例，該年原編各級政府債務占GDP比率已達39.1%，經2005年國民所得統計改版後降至36.0%，2009年二度改版後續降至34.1%，2014年三度改版後已降至33.3%。這一神奇的變化，說穿了，只是搭上國民所得統計改版的順風車而已，若以為這是政府債務改善計畫獲得了什麼偉大的成就，那實在是一場誤會。

【摘錄：工商時報，社論－行政院施了什麼神奇魔法，2015年4月30日。】

問題研討

理論上該如何降低政府債務餘額占GDP比率？過去10年來，我國中央政府債務餘額占GDP比率不升反降的真正原因為何？

◇報導11參考答案

▌基本觀念

1. 我國舉債額度限制之規範【公共債務法§5Ⅰ】

中央、直轄市、縣（市）及鄉（鎮、市）在其總預算、特別預算及在營業基金、信託基金以外之特種基金預算內，所舉借之一年以上公共債務未償餘額預算數，合計不得超過行政院主計總處發布之前三年

度名目國內生產毛額平均數之50%；其分配如下－中央：40.6%、直轄市：7.65%、縣（市）：1.63%、鄉（鎮、市）：0.12%。

2.財政健全方案

(1)立法院於2014年5月間通過號稱史上最大加稅案的《財政健全方案》，財政部預估每年將增加633億元稅收挹注國庫。

(2)增稅部分

　A.年所得淨額超過千萬元者，綜所稅新增一級稅率45%。

　B.將兩稅合一由完全設算扣抵制，改為部分設算扣抵制，股東可扣抵稅額減半抵減綜所稅。

　C.銀行及保險業金融營業稅稅率由2%恢復至5%。

(3)減稅配套措施

　A.調高薪資、身障扣除額。

　B.營利事業新增研發投抵率10%、研發支出抵稅年限拉長為3年。

　C.企業增聘員工可加成扣抵薪資費用130%。

▌政府債務餘額占GDP比率下降的可能原因

1.政府償還舊債且未另舉借新債，致使政府未償還債務餘額得以減少。（實際上，政府開支年年入不敷出，非舉債無以度日，哪來閒錢還債！）

2.即使政府未償還債務餘額並未減少、甚至增加，但GDP卻能大幅成長，以致稀釋了債務餘額占GDP比率。（實際上，臺灣過去10年來的經濟表現，除了少數幾年差強人意之外，GDP成長極為有限，光靠成長不太可能稀釋這項比率！）

3.過去10年來，我國中央政府債務餘額占GDP比率不升反降的真正原因在於這段期間內，國民所得統計歷經了三次改版，而這三次改版讓GDP的規模擴增許多，政府債務占GDP比率幾經稀釋，自然是不升反降。

▌臺灣財政問題的相關報導

1. 政府預算左支右絀的原因與解決之道（工商時報，2013年6月18日）

   (1) 我國財政困境根本原因在於收入不足，而收入不足的原因則來自稅收停滯。經濟成長理應為國庫帶來豐富的稅收，而臺灣今天稅收難以隨經濟成長而適度增加，係選舉政治下朝野競開減稅支票所致。

   (2) 這20年來不但促產條例大開減稅之門，復以兩稅合一、土增稅率調降、營所稅率降三成、遺贈稅率降八成。如此減稅，難怪經濟成長無法帶動稅收成長，難怪臺灣的賦稅負擔率比港、星還低，難怪只要不舉債政府預算就編不下去。當然，財政會土崩瓦解除了源於不當的稅制之外，浮濫的支出是另一個重要的原因，這也是何以日前經建會高層官員會籲請主計總處回歸零基預算（zero-base budgeting）。

   (3) 零基預算的觀念源於全球能源危機的1970年代，主要就是讓預算的編列從零開始，一切預算的分配從起跑線重新評估。這樣的編列方式可以有效管控浮濫支出，讓預算的每塊錢花在刀口上。財政為庶政之母，若不改革稅制以充實財政收入、若不落實零基預算以革除浪費歪風，臺灣不僅財政會垮，經濟也將加速沉淪。

2. 臺灣的財政危機（工商時報，2014年5月2日）

   (1) 1993年時，臺灣的經濟規模（GDP）是2,315億美元（新臺幣6兆1,101億元），經濟成長年增率還有10.4%，而中央政府負債餘額為新臺幣5,651億元。中央政府負債餘額僅有GDP的9.2%。

   (2) 但是經過三任民選總統之後，中央政府的負債餘額卻以45度角向上攀升。李登輝在2000年卸任時，負債暴增4倍到2兆4,501億元，陳水扁8年任期再增加1兆4,000億元，馬總統至今執政5年，中央政府累計舉債金額已經逼近新臺幣6兆元。也就是說，臺灣擁抱全面民主選舉20年，中央政府的債務餘額竟然暴增了11倍。而這

段期間，國家GDP總額從6.11兆元增加到14.56兆元，只成長了
2.3倍。

(3)逼近6兆元的中央政府負債，其實只是冰山一角，還沒有計算20
年前只有不到1,000億元，現在卻已經增加到1兆元的縣市政府地
方負債。此外，再加上主計處2012年公布的中央政府「潛藏負
債」餘額11.6兆元，以及地方政府潛藏負債餘額3.3兆元（潛藏負
債餘額為法定應給付的退休金等），我國政府實際的負債餘額已
經高達22兆元。

▌ 我國中央政府債務餘額占GDP比率的變化（參閱表11-1）

表11-1　我國中央政府債務餘額占GDP比率的變化

年度	中央政府債務餘額（新臺幣百萬元）	GDP（按1993SNA編算）		GDP（按2008SNA編算）	
		當期金額（新臺幣百萬元）	中央政府債務餘額占GDP比例（%）	當期金額（新臺幣百萬元）	中央政府債務餘額占GDP比例（%）
2000	2,450,138	10,187,394	24.05	10,351,260	23.67
2001	2,759,121	9,930,387	27.78	10,158,209	27.16
2002	2,849,272	10,411,639	27.37	10,680,883	26.68
2003	3,124,741	10,696,257	29.21	10,965,866	28.50
2004	3,362,141	11,365,292	29.58	11,649,645	28.86
2005	3,549,926	11,740,279	30.24	12,092,254	29.36
2006	3,622,951	12,243,471	29.59	12,640,803	28.66
2007	3,718,506	12,910,511	28.80	13,407,062	27.74
2008	3,778,659	12,620,150	29.94	13,150,950	28.73
2009	4,127,248	12,481,093	33.07	12,961,656	31.84
2010	4,537,679	13,552,099	33.48	14,119,213	32.14
2011	4,764,006	13,709,074	34.75	14,312,200	33.29
2012	5,010,746	14,077,099	35.60	14,686,917	34.12
2013	5,163,430	14,560,560	35.46	15,221,201	33.92
2014	5,376,677	－	－	16,084,003	33.43

資料來源：

[1]行政院主計總處，總體統計資料庫：財政統計－各級政府債務累積未償餘額，2015年1月21
日更新。

[2]行政院主計總處，總體統計資料庫：國民所得統計－國內生產毛額依支出分（2008SNA），
2015年5月22日更新。

[3]行政院主計總處，2012年國民所得統計年報，2013年12月。
[4]行政院主計總處，2013年國民所得統計年報，2014年12月。

▎ 資料來源

1.工商時報，社論－行政院施了什麼神奇魔法，2015年4月30日。
2.工商時報，社論－明年預算左支右絀的原因與解決之道，2013年6月18日。
3.工商時報，社論－臺灣的財政危機，2014年5月2日。
4.行政院主計總處，2012年國民所得統計年報，2013年12月。
5.行政院主計總處，2013年國民所得統計年報，2014年12月。
6.行政院主計總處，總體統計資料庫：財政統計－各級政府債務累積未償餘額，擷取自中華民國統計資訊網：http://goo.gl/zC5PzH，2015年1月21日。
7.行政院主計總處，總體統計資料庫：國民所得統計－國內生產毛額依支出分（2008SNA），擷取自中華民國統計資訊網：http://goo.gl/zC5PzH，2015年5月22日。
8.法務部，公共債務法，擷取自全國法規資料庫：http://law.moj.gov.tw/，2013年7月10日。

報導12

中國大陸的外商直接投資

　　儘管大陸仍是全球外商直接投資（FDI）最青睞的國家之一，但大陸整體成本優勢正在喪失，人口紅利、外資超國民待遇及人民幣升值等都使企業壓力越來越大。大陸失去成本優勢的原因，其一在於人口紅利的喪失，便宜大量的勞動力不再可尋。自2004年開始，大陸沿海地區逐漸產生「用工荒」，此後隨產業內移，用工荒一路吹進內陸。用工荒的另一個展現，就是節節高升的工資，目前大陸農民工月收入已突破1,800元人民幣。

　　在大陸日漸上升的不僅是人力成本，外資企業的「超國民待遇」也正在失效。2008年新《企業所得稅法》施行後，外商投資企業原享受的再投資退稅、特許權使用費免稅和定期減免稅等優惠政策都被取消，5年內逐步過渡到法定稅率；這意味，2013年外商投資企業將全面失去租稅優勢。此外，人民幣的升值壓力，導致外國企業在大陸成本全面上升，也是外企撤離中國的重要原因之一。

【摘錄：黃佩君，成本高外企逃 陸微笑曲線在哭泣，工商時報，2012年9月6日。】

問題研討

　　外商直接投資在中國大陸喪失成本優勢的原因為何？

✧ 報導12參考答案

▍ 基本觀念

1. 外來投資（investment from abroad）

   (1) 利用外國人的儲蓄來融通本國的投資，增加本國的資本存量。

   (2) 外人直接投資（foreign direct investment） vs. 外人證券投資（foreign portfolio investment）

外人直接投資	外國人在本國從事生產事業投資，並取得或參與投資事業的經營管理權。
外人證券投資	外國人投資的目的在於取得證券交易市場買賣差價的利益或是股利的分配，並不直接參與被投資公司的經營。

   (3) 世界銀行（World Bank）以及國際貨幣基金（International Monetary Fund, IMF）均鼓勵開發中國家解除外來資金的管制，以促進經濟成長，並有助於技術的移轉。

2. 絕對成本優勢（absolute cost advantage）（陳正倉、林惠玲、陳忠榮、莊春發，2012）

   (1) 既存廠商相對其潛在競爭者具有較低的平均成本。

   (2) 形成絕對成本優勢的原因

   A. 擁有較佳的生產技術，可以較低的成本來生產。

   B. 掌握關鍵性或品質較佳的生產要素（包括：勞力、原物料等）。

   C. 取得生產技術、製程或產品等專利權。

   D. 獲得政府授予的經營特許，或者享有政府提供的補貼或租稅優惠措施。

▍ 外商直接投資在中國大陸喪失成本優勢的原因

1. 「用工荒」導致人口紅利喪失，大量且廉價的勞動力不再可尋。

2. 外資企業原所享有投資租稅優惠等「超國民待遇」正逐步被取消，租稅負擔變相加重。

3. 人民幣升值造成出口競爭力下降。

▌外來投資的相關報導

1. 大陸躍居全球最大外商投資地（林殿唯，2015年1月31日）

(1)聯合國貿易和發展會議（UNCTAD）公布全球投資趨勢報告顯示，2014年全球外商直接投資（FDI）規模下降8%，達到1.26兆美元，為2009年以來的最低水準。其中，中國大陸的外商直接投資成長3%，達到1,280億美元，成為全球最大的外商投資目的地。

(2)從2003年以來，中國大陸在開發中經濟體中，始終維持吸引FDI的冠軍，但這次卻是首次超越美國成為全球第一。聯合國的報告還顯示，2014年已發展國家吸引的FDI規模下跌14%，而對發展中國家的投資則上升4%，至7,000億美元，占全球FDI的56%，創下有史以來最高紀錄。

(3)UNCTAD投資和企業部門表示，2015年美國吸引的FDI可能反彈上升，但中國的成長後勁更強，不過外商投資中國服務業與高科技行業的速度將會增加、而投資製造業與勞動密集性產業的速度將減緩。

2. 臺灣取消QFII制度（工商時報，2003年7月8日；中央銀行，2004年6月）

(1)在亞洲金融風暴之後，由於國內股市低迷不振，為引進外資來提振國內股市，政府遂於2003年10月2日取消實施13年的「外國專業投資機構」【或稱「合格境外機構投資者」（Qualified Foreign Institutional Investors, QFII）】制度。這使得准許投資國內股市的外國法人範圍，從專業投資機構大幅擴張到一般公司或機構。這可以說是順應全球化趨勢的正確做法，也是落實金融自由化、國際化的重要步驟。

(2)一般而言，外人投資可以區分為直接投資（FDI）與證券投資兩種，前者主要是從事生產事業投資，並取得或參與投資事業的經營管理權；後者多屬金融性投資，著眼於短期投資的報酬，也是國際間「熱錢」的一種形式。過去政府考慮臺灣金融市場是淺碟市場，為防止熱錢湧入臺灣，維持匯市及股市的穩定，因此，對於外資投資證券市場一直採取QFII制度，並且有投資比例、投資上限等嚴格限制。

(3)從中長期來看，外人證券投資規模持續增加，將導致國內企業外資持股比例大幅升高，而其對國內經濟發展是福是禍，則難遽下定論。如果國內金融體質健全，經濟持續提升，企業外資比例升高將有助於經濟及金融的國際化，擴大國內市場的深度及廣度；反之，如果國內金融體質持續惡化，經濟停滯不前，則外資比例提升將形同一顆定時炸彈，一旦國內金融、經濟出現不穩的情況，外資將大幅撤出，進而可能引發系統性危機，使臺灣經濟陷入危險深淵。

3. 中國大陸啟動RQFII（林殿唯，2015年4月23日）

(1)大陸從2011年啟動RQFII（人民幣合格境外機構投資者）以來，臺灣至今未獲得任何RQFII額度，使得臺灣內部大量人民幣無法直接前進大陸A股。

(2)大陸證監會曾在2013年兩岸「金證會」（臺灣金管會、大陸證監會）時表示，正在研究提供給臺灣1,000億元人民幣的RQFII額度，大陸證監會官員甚至在2015年4月間明確表示，只要兩岸服貿協議實施，將允許臺灣金融機構以RQFII方式投入大陸資本市場，並放寬臺資金融機構在大陸合資公司持股比例。但由於當年簽署的兩岸服貿協議至今仍卡關立院，讓臺灣業者在RQFII方面的進度遠落後於歐洲與韓國。

(3)為推動人民幣回流，大陸證監會公布人民幣合格境外機構投資者境內證券投資試點辦法，並於2011年12月在香港啟動試點，初期

額度200億元人民幣；2012年11月大陸國務院批准增加RQFII額度2,000億元人民幣。2013年10月英國與新加坡分別獲得800億元與500億元人民幣的RQFII額度，成為香港以外第一批獲得RQFII額度的國家；2014年6、7月間，法國、韓國與德國陸續獲得800億元人民幣的RQFII額度。

▍資料來源

1.工商時報，社論－取消QFII制度的利弊分析，2003年7月8日。
2.中央銀行，外國專業投資機構（QFII）制度之演變，2003年中央銀行年報，130-133頁，2004年6月。
3.林殿唯，陸躍居全球最大外商投資地，工商時報，2015年1月31日。
4.林殿唯，臺資以RQFII投資大陸有譜，工商時報，2015年4月23日。
5.陳正倉、林惠玲、陳忠榮、莊春發，產業經濟學（二版），臺北：雙葉書廊有限公司，2012年3月。
6.黃佩君，成本高外企逃 陸微笑曲線在哭泣，工商時報，2012年9月6日。

報導13

臺灣深陷低薪魔咒

　　行政院主計總處最新預估，2014年臺灣經濟成長率可達3.41%，但諷刺的是，臺灣勞工每月實質薪資仍只有新臺幣47,243元，不及1999年的水平，等於實質薪資倒退15年。連國際競爭力大師麥克·波特都要為臺灣勞工抱屈，對臺灣薪資水準低落感到不解。

　　主計總處官員表示，全球化浪潮下，以代工起家的臺灣廠商，面臨愈來愈激烈的國際競爭，只能以不斷精進地降低成本，以立於不敗之地。企業除了月薪之外，還要負擔勞工如健勞保、勞退及未來的長照險費用等法定勞動成本，因此會有很多廠商在追逐更低廉的勞力成本下外移，臺灣接單、海外生產的比例迭創新高，表面看起來經濟是成長了，但臺灣就業機會卻沒有同時增加，勞動市場供需失衡，勞工更享受不到經濟成長的美好果實。國家發展委員會官員另分析指出，臺灣服務業產值已占國內生產毛額的七成以上，新增就業人口不斷上升，但多以販售商品及餐飲為主，附加價值低外，因技術門檻低，更容易被取代。

　　全國工業總會理事長則表示，少子化造成父母望子成龍、望女成鳳，加上學歷迷思，捨不得小孩唸技職學校，在人人都是大學生，「你有我也有」，缺乏「獨特的兩把刷子」下，造成企業找不到可用的人，年輕人也找不到工作的產學落差困境。此外，勞動市場的就業型態也產生了變化，愈來愈多非典型就業人力崛起，例如派遣人力、

臨時工等，挑戰原本職場常態的終身僱用制。隨著非典型勞動人口成長，間接使得整體勞動市場的薪資水準停滯不前。至於就勞資雙方的市場地位而言，不同於韓國經濟以大財團企業為主，臺灣中小企業較多，工會力量薄弱，臺灣勞工根本沒有勞動條件的議價能力。

　　前衛生署長楊志良曾表示，過去臺灣並不富裕，但政府可以做到資源公平分配，但現在臺灣有錢了，卻反而做不到，這是因為過去錢與權在政府手裡而非資本家手裡，現在臺灣錢與權已經靠攏，當有錢人也是有權人時，改革就有了很大的阻力。這也是造成臺灣近10年來貧富差距擴大，青年心中向上流動機會剝奪感持續增加的重要原因。

【摘錄：林孟汝，倒退15年 臺灣深陷低薪魔咒，中央社，2014年11月2日；吳靜君，「非典型就業」衝擊上班族薪資，中央社，2013年9月21日；王維玲、王妍文，失業低薪 年輕世代面臨四大經濟困境，《30》雜誌，117期，2014年5月7日。】

問題研討

　　造成臺灣實質薪資水準倒退15年的原因為何？

◇報導13參考答案

▌基本觀念

1. 名目工資（nominal wage）vs. 實質工資（real wage）

名目工資	單位勞動力可換取貨幣數量的比率。
實質工資	單位勞動力可換取商品數量的比率。

　　當名目工資（W）倍增、而物價水準（P）（反映商品價格）亦倍增

時，則實質工資（W/P）將維持不變；然而，當名目工資增幅小於物價水準增幅時，將導致實質工資水準下降，亦即勞動者所賺取的實質報酬（所得）會減少。

2. 符合失業者的條件（以下任一項）

(1)無工作、隨時可以工作，且正在尋找工作或已找工作在等待結果者。

(2)等待恢復工作者。

(3)找到職業而未開始工作亦無報酬者。

3. 勞動統計指標

(1)勞動力（labor force）＝就業人口＋失業人口。

(2)勞動參與率（labor-force participation rate）＝勞動力／15歲（含）以上民間人口。

(3)失業率（unemployment rate）＝失業人口／勞動力。

▍臺灣實質薪資水準倒退15年的原因

1. 經濟成長主要來自代工與低階服務業所產生低附加價值的效益。

2. 全球化浪潮下廠商不斷以降低成本來因應激烈的國際競爭。

3. 臺灣接單、海外生產的比例迭創新高，造成經濟雖然成長但就業機會卻未因此而增加，導致勞動市場供需失衡。

4. 企業的法定勞動成本（如健勞保、勞退及未來的長照險費用等）負擔加重，企業對於人事成本的考量更謹慎，造成薪資呈現凍結狀態。

5. 勞工在勞動市場的議價能力較低。

6. 人力派遣、臨時工等非典型就業型態盛行，衝擊上班族薪資水平。

7. 學歷貶值、高教低就。

8. 政策或稅制有利於企業主／資本家累積財富，造成所得分配不均、貧富差距擴大[4]。

---

[4] 例如，2009年政府修正遺產及贈與稅法，將原來最高50%的遺贈稅率大幅調降至

1. 臺灣就業市場面臨「晚入早出」及「高出低進」兩大挑戰（工商時報，2014年11月28日）

   數據顯示，臺灣勞動人口可望於2015年達到最高峰的1,737萬人。但隨後則將開始反轉向下，估計從2015年到2060年，平均工作年齡人口年減近18萬人。除了存在勞動參與率量的萎縮之外，當前臺灣整體就業市場另外還面臨「晚入早出」及「高出低進」的兩大挑戰。

   (1)「晚入」指的是年輕人受教育時間拉長，一方面延緩進入職場的時間，帶動勞參率下滑，另方面年輕人競相讀大學、研究所，也會造成高不成低不就的市場亂象。「早出」係指因臺灣的就業市場，一方面對中高齡者並不友善，另方面則是相對優厚穩定的退休年金制度，造成數量龐大的軍公教人員競相提早退休，如此不僅拉低了勞動參與率，也造成政府財政的沉重負擔。因此，若要改善勞動參與率下滑的問題，勢必要將退休年金制度及高教浮濫亂象一併納入檢討改革。

   (2)所謂「高出」，指的是人才外流益趨嚴重。瑞士洛桑管理學院（IMD）所發布的最新世界人才報告指出，臺灣在60個受評國家中，排名已降至27名，其中「人才外流」、「對外籍技術人才吸引力」，以及「婦女勞參率」等項（分別排名50、47與39），不只拉低了總排名，也印證臺灣人力市場「高出」的嚴峻形勢。相反地，近年引進的人力以外籍看護和勞工為主，則是造成「低進」的現象。為解決這種失衡現象，政府擬研議推動延攬國際白領及經

10%；這項政策原意是希望吸引富人將留在國外的資金帶回臺灣進行投資，讓臺灣能夠儘快地走出金融海嘯衝擊下經濟衰退的陰霾。然而，資金雖然回流了，但卻流向房地產市場的炒作，使得臺北市、新北市等都會區的房價持續且大幅上揚。房地產價格節節高漲，一般受薪階級的薪資水平卻長期停滯不動，造成貧富不均問題日益惡化。（工商時報，2014年11月21日）

濟移民，而這項在許多國家行之有年的有效對策，若依過去在民粹思維主導下的臺灣經驗來看，必然會引發國際白領搶奪本國人工作機會、拉高房價並推升通貨膨脹等疑慮，甚至若國際白領與經濟移民的開放對象也包括對岸，則更將激化社會對立情緒。

2. 臺灣當前就業市場的四項隱憂（工商時報，2015年3月27日）

近期當觀察到失業率月月創新低之餘，也必須了解臺灣就業市場10多年來所出現的質變。失業的量雖略有改善，但就業的質卻每況愈下。當前臺灣勞動市場仍存在包括：長期失業人口比重升高、受失業波及的人口激增、勞動參與率遠低於鄰國，以及藍白領薪資差距擴大等四項隱憂。

(1) 長期失業人口比重升高：臺灣過去失業逾一年的長期失業人數極少，2001年以前大約在3萬人上下，但隨後由於產業結構變化，長期失業人數逐年升高，遇上景氣衰退則升至10萬人以上。2014年臺灣長期失業人數高達7.5萬人，長期失業者占總失業人口比率達16.4%，遠遠高出10多年前的一成。

(2) 受失業波及的人口激增：2001年以前，不論景氣如何不好，我國受失業波及的家庭人口最高就是5、60萬人，但近10年來情況已非如此，受失業波及的家庭人口在景氣衰退的年代一舉衝破130萬人，即使2014年臺灣失業率跌破4%，2015年初失業率創下15年新低，受失業波及的家庭人口仍高達80萬左右。

(3) 勞動參與率遠低於鄰國：臺灣在1990年以前的勞動參與率曾經升至61%，年年高於韓國，但此後彼長我消，近8年臺灣降至58%，韓國已升逾61%，而新加坡則為66%，香港也達61%。造成臺灣勞動參與率過低的原因不在年輕人，而在於中高齡者。過去刻板印象是女性勞動意願不高使然，然而依各年齡層比較後發現，臺灣男性中高齡者（50~59歲）勞動參與率遠低於鄰國才是主因。

(4) 藍白領薪資差距擴大：1994年時，我國白領受僱人員的平均月薪44,777元，是藍領受僱者28,980元的1.5倍，而至2014年白領成

長至63,432元，已是藍領37,858元的1.7倍。造成此一差距的原因之一是近年國內所創造的就業機會大多在支援服務業、批發零售、住宿餐飲這三個行業，而這三個行業又屬薪資較低者。這顯示隨著產業結構變化，薪資二元化日趨嚴重，而這種情況若任其發展，貧富差距必定持續惡化。

▌資料來源

1.工商時報，社論－人口結構衝擊 臺灣準備好了嗎？，2014年11月28日。

2.工商時報，社論－臺灣當前就業市場的四項隱憂，2015年3月27日。

3.工商時報，社論－遺產及贈與稅率確應適度調高，2014年11月21日。

4.王維玲、王妍文，失業低薪 年輕世代面臨四大經濟困境，《30》雜誌，117期，2014年5月7日。

5.吳靜君，「非典型就業」衝擊上班族薪資，中央社，2013年9月21日。

6.林孟汝，倒退15年 臺灣深陷低薪魔咒，中央社，2014年11月2日。

報導14

過度教育投資拖垮勞動力

　　國內人口結構出現重大變化，不僅20至30歲之間的年輕人首度投入職場年齡，遠高於亞洲鄰近各國，且財經、主計部門所推估的「勞動人口」，近幾年內亦將低於「非勞動人口」。根據主計總處2013年1月至5月的人力資源調查結果顯示，勞動力仍有1,092萬，非勞動力有815萬，勞動參與率還有五成八；不過，政院官員坦言「這個數據這幾年會逆轉（低於五成）！」

　　行政院副院長毛治國指出，受到少子化衝擊，勞動人口不斷銳減，國內年輕人卻一路升學，直到念到碩博士才投入職場，這是造成勞力短缺的原因之一。另有官員表示，因為大學畢業生的起薪低，因而不少大學生選擇延畢或再進修，此舉又會導致勞動市場人力短缺，形成惡性循環。

　　此外，在經濟部向行政院會提出「突破產業人才困境」的簡報中則指出，有七成七企業感受人才荒，而企業不太用新鮮人的主因，有五成六是因為專業能力不足，突顯產學落差的問題。毛治國呼籲必須改善「過度教育投資」與「就學時間過長」的現象，並落實終身學習制度，才能解決產學落差與勞力短缺問題。

【摘錄：李明賢，毛治國：過度教育投資拖垮勞動力，中國時報，2013年7月5日。】

問題研討

過度教育（overeducation）會造成什麼影響？

◇報導14參考答案

▎基本觀念

1. 過度教育（overeducation）的意義（溫明忠，2011；傅祖壇、楊佳茹，2010）

   工作與就學年限不一致（mismatch）：

   (1)個人就學年限超過工作的要求。

   (2)實際教育水準超過目前工作所需具備者。

   (3)過度教育反映出低度就業（underemployment）或人力資源低度使用（underutilization）的現象。

2. 過度教育的界定（溫明忠，2011）

   (1)某一教育年限的金錢報酬率低於其歷史水準，或相對其他投資而言是下降的。

   (2)當一個人所期待的教育投資在勞動市場的效益並未實現。

   (3)當就業市場上工作的個人並未充分發揮所學。

3. 過度教育的衡量（傅祖壇、楊佳茹，2010）

   (1)客觀法（the objective measure）

   由專家評估並設定各項工作（職業）所需具備的適當教育程度，據以判斷勞工實際接受的教育是否超過工作所需。

   (2)主觀法（the subjective measure）

   以勞工主觀認定其工作所需之學歷為依據，若勞工認為自己的學歷超過工作所需的教育程度，即歸類為過度教育。

   (3)實證法（the empirical measure）

   按職業類別，分別計算教育年數，若勞工的教育年數落於平均值

上下一個標準差以內，稱為適度教育（adequate education），超過一個標準差屬於過度教育，至於低於一個標準差則為教育不足。

4. 臺灣呈現過度教育現象的具體事證

(1)高學歷、高失業率。

A.近年來大學（含）以上學歷者失業率高於整體及其他較低學歷者的失業率。（行政院主計總處，2015年5月22日）

B.高學歷者通常會花較多時間尋職，且比其他族群更容易成為自願性失業（主動離職）。（洪凱音，2014年11月25日）

C.高學歷者對職缺的薪資、福利等「質」的要求相對較高。（洪凱音，2014年11月25日）

(2)高學歷者起薪降低、高等教育投資報酬率下降。

A.高教人力供過於求導致起薪下滑；不景氣造成職缺減少時，高學歷者只能屈就低薪工作。（洪素卿，2008年12月31日）

B.高等教育擴張造成大學畢業生相對薪資報酬率降低。（陳紹綸，2010）

(3)學非所用、高教低就。

博士生賣雞排（TVBS新聞，2013年3月13日）、學士碩士應徵清潔隊員（華視新聞，2012年9月17日）。

過度教育所造成的影響

1. 勞動力短缺。

高教擴張、文憑貶值，學士碩士成為求職的基本學歷門檻，導致青年人口一昧追求升學而延遲投入職場，造成勞動市場人力短缺。

2. 教育資源浪費。

博士生賣雞排、學士碩士應徵清潔隊員等學非所用或高教低就的現象屢見不鮮。

3. 低階技術勞工遭排擠而產生失業問題（傅祖壇、楊佳茹，2010）。

具備多餘技術之高階人力會占用低階職缺，而排擠低階技術勞工的生存空間。

4. 生產成本提高、生產力下降（溫明忠，2011）。

   勞工對工作待遇及福利的不滿所產生心理上的不平衡，將導致工作懈怠，變相造成生產成本提高及生產力下降。

5. 深陷低薪泥沼（王維玲、王妍文，2014年5月7日；林孟汝，2014年11月2日）。

   學歷貶值與高教低就的現象造成整體勞動市場的薪資水準難以提升。

6. 影響個人教育投資與政府的教育政策（溫明忠，2011）。

   個人會考慮接受高等教育是否有利，而政府則會重新評估對高等教育的補助政策是否恰當。

▎教育政策衝擊勞動市場的相關報導

1. 錯誤高教政策的後果（中國時報，2013年5月26日）

   高教盲目擴張，其禍害難以細數，舉其犖犖大者如下：一，壓低大學素質，扭曲大學目標，大學教授的尊嚴與成就感，今非昔比；二，破壞技職體系，製造過多大學畢業生，使得勞動市場失衡，大學學歷求職者，失業率遠高於其他教育程度者，許多行業卻因缺工而停滯；三，大學擴充太多於前，只好祭出評鑑、退場機制於後，大學從此淪為雞零狗碎、文書作業、量化取勝的工廠；四，文憑貶值，學士、碩士成為職場基本門檻，社經地位低落子弟，不僅教育支出負擔沉重，即便藉由借貸，勉強從後段私立大學畢業，但畢業後，由於競爭力不足，就業前景堪慮。

2. 餐旅科系甘盡苦來（范世平，2015年1月21日）

   (1) 隨著2008年以來開放陸客來臺觀光、以及近年來阿基師、詹姆士等名廚光環加持下，觀光餐旅科系儼然成為時下年輕人的最愛。學校在嗅到此一「商機」之後，則廣設相關科系，相關領域師資可說炙手可熱，甚至不乏有業界人士跳槽轉行。

(2)然而,懷抱憧憬進入餐旅科系就讀的學生,入行後才發現,不僅工作辛苦,薪資還偏低。近年調查顯示,餐飲業都居於收入最低的行業。再加上家長也不忍心兒女吃苦,所以培養了一大堆人才,只有約一成留在業界,成為教育投資的浪費。

(3)另外,學校為了讓學生具備「實務」經驗,往往要求學生前往業界實習,這提供業者廉價勞工的大好機會。由於學校每年培養這麼多畢業生,業者不怕找不到人手,所以薪水始終不會增加。這也就是為何觀光客人數與飯店數量都增加,但員工薪資卻停滯的原因。

▌臺灣近年來不同教育程度者失業率變化(參閱表14-1)

表14-1　臺灣近年來不同教育程度者失業率變化

年度	失業率(按教育程度區分)(%)							
	國小以下	國中	高中	高職	專科	大學	研究所	合計
2008	2.66	4.52	4.36	4.33	3.44	4.78	−	4.14
2009	4.35	6.83	6.07	6.23	4.96	5.98	−	5.85
2010	3.27	5.84	5.43	5.63	4.33	5.62		5.21
2011	2.52	4.44	4.75	4.63	3.40	5.79	2.97	4.39
2012	2.32	4.27	4.45	4.15	3.18	5.90	3.49	4.24
2013	2.29	4.29	4.25	4.06	3.11	5.81	3.29	4.18
2014	2.04	3.87	3.79	3.85	3.09	5.58	2.97	3.96

附註:2011年之前並未區別大學及研究所學歷,而是合併在大學以上學歷進行統計。
資料來源:行政院主計總處,總體統計資料庫:勞工統計-勞動力人口統計(勞參率及失業率按教育程度分),2015年5月22日更新。

▌資料來源

1.TVBS新聞,博士生賣雞排 郭台銘批浪費教育資源,2013年3月13日。
2.王維玲、王妍文,失業低薪 年輕世代面臨四大經濟困境,《30》雜誌,117期,2014年5月7日。
3.中國時報,短評-錯誤高教 誰負責?,2013年5月26日。
4.行政院主計總處,總體統計資料庫:勞工統計-勞動力人口統計(勞參率及失業率按教育程度分),擷取自中華民國統計資訊網:http://goo.gl/zC5PzH,2015年5月22日。
5.李明賢,毛治國:過度教育投資拖垮勞動力,中國時報,2013年7月5日。
6.林孟汝,倒退15年 臺灣深陷低薪魔咒,中央社,2014年11月2日。
7.范世平,時論-餐旅科系蛋塔效應 甘盡苦來,中國時報,2015年1月21日。

8.洪素卿，大學起薪26474元 碩士31363元／高學歷新鮮人「薪」情低落，自由時報，2008年12月31日。

9.洪凱音，失業率好轉高學歷者反升，中國時報，2014年11月25日。

10.華視新聞，清潔隊徵人 碩士、學士都來搶，2012年9月17日。

11.陳紹綸，高等教育擴張對大學畢業生薪資生產力之影響，國立臺北大學經濟學系碩士論文，2010年。

12.溫明忠，高等教育經濟學，臺北：高等教育文化事業有限公司，2011年4月。

13.傅祖壇、楊佳茹，臺灣地區大學近期畢業生之過度教育研究，擷取自臺灣經濟學術研究網：http://goo.gl/seGiAZ，2010年。

實際利率轉正有助於提振中國經濟

對中國儲戶來說，3月9日是一個值得高興的日子：自2010年初以來，實際利率首次為正。在過去10年的大部分時間裡，高通脹與低利率並行意味著中國儲戶的存款收益實際為負。國家統計局上週五公布的數據顯示，中國2月分消費者價格指數（CPI）同比上升3.2%，而今年1月分這一數字還高達4.5%。由於一年期存款利率目前為3.5%，這意味著實際利率轉正，儲戶的存款終於可以獲得少量收益。

實際利率為負會造成兩種負面影響。首先，實際利率為負會導致家庭部門增加儲蓄。經濟學家說這是因為中國的家庭都有一個儲蓄目標，或是存夠錢買房，或是為了退休養老。存款收益降低意味著家庭部門要增加儲蓄才能實現目標。其次，銀行存款利率較低會鼓勵資金流出銀行體系，通過投機樓市、股市或任何收益率可能超過通脹率的資產來尋求更高的收益，這會吹大資產泡沫。

由於市場預計通脹率將繼續下降，如果中國央行能將存款利率維持在目前的水平，那麼儲戶的實際收益將繼續上升，這可能帶來深遠的影響。如果家庭部門在實現儲蓄目標的同時又不必把太多的現金存進銀行，那麼用於消費的資金就能增加，這能幫助中央政府實現提高

消費在國內生產總值（GDP）中占比的長期目標。如果儲戶既能戰勝通脹，又不用擠入樓市，那麼這也會對房地產市場構成重大影響。國家統計局上週五發布的數據還顯示，2012年頭兩個月國內商品房銷售額同比下降20.9%，這反映投機者退出了樓市。如果政府繼續控制物價水平，同時銀行存款收益能繼續上升，那麼樓市投機者或許再也不會回到市場。

【摘錄：華爾街日報中文版，實際利率轉正有助於提振中國經濟，2012年3月12日。】

問題研討

說明實際利率為負值的原因及對經濟發展可能造成的負面影響。

◇報導15參考答案

▌基本觀念

1. 名義利率（或稱名目利率）（nominal interest rate）vs. 實際利率（或稱實質利率）（real interest rate）

名義（名目）利率	以目前消費（金額）換取未來可供消費金額（貨幣數量）的比率。
實際（實質）利率	以目前消費（商品數量）換取未來可消費商品數量的比率。

2. 費雪方程式（Fisher equation）
   (1)（不考慮利息所得稅）實質利率＝名目利率－預期通貨膨脹率。
   (2)（考慮利息所得稅）稅後實質利率＝稅後名目利率－預期通貨膨脹率。

實際利率為負值的原因

當物價上漲率（通貨膨脹率）高於名義利率時，將使得實際利率變成負值，造成儲蓄的實質報酬不升反降。

實際利率為負值對經濟發展可能造成的負面影響

1. 實際利率為負，代表家庭部門的銀行存款實質收益不增反減，家庭部門基於買房或養老需要勢必得增加儲蓄，造成民間消費減少，影響經濟成長動能。
2. 當銀行存款的實質收益下降時，為尋求投資收益高於通膨的資產，銀行體系的資金將流入房地產、股票、外匯等資產市場進行投機炒作，可能因此造成資產市場泡沫化，甚至影響金融穩定。

通貨膨脹所造成影響的相關報導

政府「通膨稅」傷害民眾（劉憶如，2008年8月14日）

1. 之所以被稱為「通膨稅」是因為通膨現象造成政府受惠，民眾受傷的一種「隱性課稅」的結果。通膨原則上造成社會上的財富重分配，向別人借錢的人（債務人）得到好處，借錢給別人者（債權人）受到傷害，而這種重分配效果如果是在固定利率之下的借貸關係就更為明顯。
2. 通膨出乎意料來襲，誰是臺灣最大的債務人，同時也因此是受惠最多的呢？答案非常清楚，是發行公債，累積鉅額債務的政府。這種狀況不是臺灣獨有，而是幾乎對所有的國家而言，政府都是最大債務人，尤其大多數國家當政府發行公債借錢時，常都是以長期且固定的利率借錢，因此在通膨來臨時受惠最多。
3. 有的國家因為政府不負責任，不但財政惡化債臺高築，最後甚至以發行鈔票（通貨）的方式去償還債務。發行大量鈔票的後果當然也造成通貨膨脹，更減輕政府「實質債務」的負擔。例如巴西曾在1990至

1995年間創下平均每年物價上漲14倍（1,400%）的高通膨紀錄，當時巴西政府發行的公債就真的等同廢紙，國民黨政府從大陸遷臺前的惡性通膨亦然。針對這種惡劣狀況可能性之防範，許多國家因此思考在制度上如何規畫設計，才能降低全體民眾這種「通膨風險」，例如美國仿照加拿大、英國設計「抗通膨政府公債」，亦即公債報酬率不是固定利率，而會隨著通膨加碼，即是一例。

▌通貨膨脹的成本（代價）（Mankiw, 2015）

1. 鞋皮成本（shoeleather costs）。

   (1)為規避通膨稅而減持貨幣所衍生的代價（資源浪費）。

   (2)通貨膨脹⇨貨幣價值↓⇨形同貨幣持有者遭課稅

      ⇨減持貨幣、存放銀行帳戶中生息

      ⇨勤跑銀行（或至ATM）提款

      ⇨皮鞋磨損、浪費時間與精力（排隊等待）

      ⇨產生社會福利的無謂損失（deadweight loss）。

2. 菜單成本（menu costs）。

   為因應物價快速波動而須經常更改商品標價所負擔的成本，包括：

   (1)更訂商品價格。

   (2)印製新的價目表與商品目錄。

   (3)寄送新的價目表與商品目錄給經銷商與消費者。

   (4)宣傳與促銷活動內容的變更。

   (5)處理更改商品標價所引發的客訴。

3. 相對價格波動與資源不當配置。

   (1)相對價格波動⇨影響市場經濟的資源配置效率。

   (2)通貨膨脹⇨更改商品標價（趕不上物價上漲速度）

      ⇨商品間的價格相對比率無法隨通膨而迅速調整

      ⇨商品間的價格相對比率遭扭曲

      ⇨扭曲商品的消費與生產決策

⇨資源配置失當。

4. 通膨誘發的租稅扭曲。

通貨膨脹會造成來自儲蓄所得的課稅（包括：資本利得稅、利息所得稅等）負擔加重。

5. 未預期通貨膨脹所造成的財富重分配。

未預期通膨的發生對債務人有利、對債權人不利。

6. 若平均物價上漲率高，則通貨膨脹率的波動幅度與不確定性將提高。

(1) 20世紀末德國：平均通膨率低、通膨波動較穩定。

(2) 拉丁美洲國家：平均通膨率高、通膨波動較不穩定（易出現未預期通膨）。

▍名義（名目）利率可能為負值嗎？

歐洲央行（ECB）實施負利率措施（田思怡，2014年6月6日；余曉惠，2014年6月6日；莊雅婷，2014年6月6日）

1. 為了防止歐元區十八國陷入日本式的通貨緊縮，歐洲央行（ECB）總裁德拉基（Mario Draghi）於2014年6月5日貨幣政策會議之後宣布，將基準利率從0.25%降至0.15%，並破天荒將銀行隔夜存款利率從零調降至負0.1%，使得ECB成為全球第一個實施負利率的主要央行。

2. 當歐元區通膨率遠低於ECB設定的目標值2%，許多國家失業率仍居高不下，且經濟成長遲滯時，央行因應這些難題的手段通常是降息，但由於ECB存款利率原先已經是零，如今只好降到負利率。

3. 銀行分析師表示，ECB此舉在懲罰把超額流動性停泊在央行，而不願提供給其他銀行、或放款到實質經濟的銀行。這釋放出強烈的訊息：ECB希望銀行善用資金以達到活絡經濟的目的。

▍資料來源

1. Mankiw, N. Gregory, *Principles of Economics* (Custom Edition), Cengage Learning, 2015.
2. 田思怡（編譯），鼓勵銀行放款 歐洲央行實施負利率，聯合報，2014年6月6日。

3.余曉惠（編譯），ECB祭負利率 放錢5,400億美元，經濟日報，2014年6月6日。
4.莊雅婷（編譯），德拉基：不排除啟動量化寬鬆，經濟日報，2014年6月6日。
5.華爾街日報中文版，實際利率轉正有助於提振中國經濟，2012年3月12日。
6.劉憶如，政府「通膨稅」傷害民眾，中國時報，2008年8月14日。

報導16

貨幣供給的死亡交叉

　　中央銀行公布2011年10月的日平均貨幣總計數，受放款與投資成長減緩的影響，貨幣組成多為民眾手中可動用活期性資金、且被外界視為股市資金動能是否活絡指標之一的M1B，10月年增率降至5.12%；而民眾手邊握有的資產，有「廣義的貨幣供給」之稱的M2，年增率則降至5.54%。M1B年增率移動趨勢線摜破M2趨勢線，呈現資金面「死亡交叉」的線型。前次貨幣供給年增率出現「死亡交叉」的情形是發生在2007年12月，相隔近4年，今年10月再次出現資金面「死亡交叉」的線型。

　　央行表示，儘管10月資金面呈現死亡交叉，但M1B日平均餘額仍處新臺幣11.5733兆元的高水位，顯示股市資金動能無虞，股市下修是信心面問題。另外，值得注意的是，歐美債務危機未歇，國際金融情勢不明朗，反映在國人資產配置上，資金由活存轉往定存的跡象日益明顯，10月活期性存款月減409億元，定期性存款月增高達1,148億元。至於10月底外匯存款則是受到外貿出超的挹注，餘額為2.63兆元，創下歷史新高。

【摘錄：高照芬，貨幣呈死亡交叉 央行信心喊話，中央社，2011年11月25日。】

問題研討

貨幣供給呈現「死亡交叉」的涵義、成因與影響分別為何？

◇報導16參考答案

▌基本觀念

貨幣的衡量：貨幣總計數（monetary aggregates）。

1. M1A＝通貨淨額（通貨發行總額扣除金融機構庫存現金）＋支票存款 ＋活期存款。
2. M1B＝M1A＋活期儲蓄存款＝通貨淨額＋存款貨幣。
3. M2＝M1B＋準貨幣（quasi money）。
4. 準貨幣＝定期存款＋定期儲蓄存款＋外匯存款＋郵政儲金＋可轉讓定 存單（negotiable certificate of deposits, NCDs）＋附買回協議（repurchase agreement, RP）＋外國人新臺幣存款＋貨幣市場共同基金。

▌貨幣供給呈現「死亡交叉」的涵義

資金面出現「死亡交叉」線型，亦即M1B年增率變動趨勢線向下摜破 M2年增率變動趨勢線。

▌貨幣供給呈現「死亡交叉」的成因與影響

1. M1B為國人手邊隨時可動用的資金，一般被外界視為是股市資金動能 是否活絡的指標之一。
2. 若是因為歐美債務危機未歇、國際金融情勢不明朗，或是央行調高重 貼現率因而引導資金市場利率上揚等因素，造成國人資產配置上，資 金明顯由活存轉往定存時，將影響股市資金動能。

▎央行貨幣政策對股市影響的相關報導

1. 央行升準（調高存款準備率）或升息時　銀行是否會緊縮銀根（雷盈，2008年7月1日）

    (1) 央行總裁彭淮南於2008年6月30日臨時召開記者會（說明「升息與臺股的關係」與「調升存款準備率，銀行會抽緊銀根嗎？」）時表示，央行貨幣政策沒辦法影響美股，但美股會影響世界各國股市，臺股大跌是受美股影響。央行升息、調高存準率是要消弭民眾對通貨膨漲的預期心理，防範於未然，央行每天都在發定期存單（NCD）抗通膨；而且自2007年3月以來，央行理監事會曾六次決定調升利率，其中有四次升息後，股票反而上漲，並沒有所謂的彭淮南缺口，臺股下跌是國際股市連動的結果。

    (2) 彭淮南也澄清，目前央行發行的定期存單與收受銀行的轉存款共約6.1兆元，這次調高存準率僅收回2,000億元，相較停泊在央行的短期資金根本是「小事一椿」，銀行連一毛錢銀根都不用抽。

2. 面對股市動盪 凱因斯：保持安靜（工商時報，2015年8月27日）

    (1) 近期全球股市急速下跌，市場恐慌，賣壓沉重，面對此一情勢，投資人需要冷靜，而主控全局的政府更加需要冷靜。面對股市恐慌，價格與合理價值的預期相去甚遠時，經濟學家凱因斯認為應保持安靜、冷靜分析。

    (2) 政府有時急忙出手，力圖振興股市，但這些措施卻將埋下日後的不測之憂。股市的流動性與投機性就在一線之間，政府救市雖是出於善意，希望提高資本市場的流動性，以活絡經濟，但從2000年網路泡沫崩解、2008年金融海嘯席捲全球看來，各國政府所挹注的流動性，往往為市場帶來更大的投機性，解決了眼前的難題，但卻釀成了日後更大的難題。

    (3) 10多年前網路泡沫所形成的「非理性繁榮」於2001年幻滅，美、歐經濟下滑，股市重挫，為解決這個危機，美國聯準會於2001年

至2003年連續13度降息，重貼現率由6.00%降至0.75%；聯準會降息所挹注的流動性，一方面推升美國經濟，同時也帶動美國房地產狂漲，形成泡沫，於2008年秋天泡沫幻滅，掀起了全球金融海嘯，全球經濟陷入二戰後最大的蕭條危機。為解決這一危機，各國又採取更激烈的救市措施，除了大肆舉債建設以擴大內需，更採行量化寬鬆（QE）的貨幣政策，猛藥一出，全球經濟於一年後走出谷底；但大量的債務於2011年夏天同時引爆了美債、歐債危機，全球股市哀鴻遍野，直至如今，歐債危機仍窒息著全球經濟，近日全球股災又現，實非偶然。

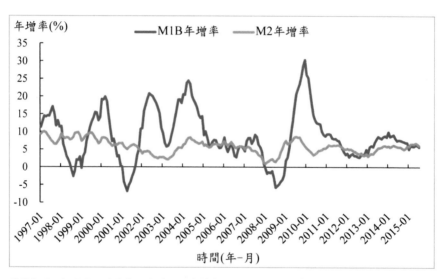

資料來源：行政院主計總處，總體統計資料庫：金融統計－貨幣供給（貨幣總計數），2015年8月31日更新。

圖16-1　臺灣貨幣總計數（日平均數）變動走勢（1997年1月至2015年7月）

▎臺灣貨幣總計數（日平均數）變動走勢（參閱圖16-1）

M1B年增率變動趨勢線向下摜破M2年增率變動趨勢線。

1. 1998年02月：%ΔM1B（6.48%）＜ %ΔM2（8.51%）（1998/02～1999/05）

2. 2000年09月：%ΔM1B（5.76%）＜%ΔM2（6.32%）（2000/09～2001/11）

3. 2005年09月：%ΔM1B（6.31%）＜%ΔM2（6.39%）（2005/09～2005/12）

4. 2006年02月：%ΔM1B（5.58%）＜%ΔM2（6.55%）（2006/02～2006/04）

5. 2006年06月：%ΔM1B（5.22%）＜%ΔM2（6.42%）（2006/06～2006/09）

6. 2006年11月：%ΔM1B（5.81%）＜%ΔM2（5.86%）（2006/11～2007/01）

7. 2007年12月：%ΔM1B（1.07%）＜%ΔM2（1.27%）（2007/12～2009/03）

8. 2011年10月：%ΔM1B（5.12%）＜%ΔM2（5.54%）（2011/10～2012/09）

9. 2015年01月：%ΔM1B（5.03%）＜%ΔM2（5.86%）（2015/01～2015/07）

▌ 臺灣貨幣供給的「死亡交叉」與上市股票成交值變動之關聯（參閱圖16-2）

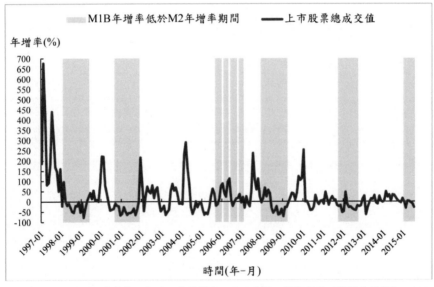

資料來源：行政院主計總處，總體統計資料庫：金融統計－貨幣供給（貨幣總計數），2015
年8月31日更新；行政院主計總處，總體統計資料庫：證券統計－股票市場統計
（股票交易與股價指數），2015年5月5日更新；中央銀行，股票集中市場交易統
計－股票交易與股價指數，金融統計月報，2015年8月。

圖16-2　臺灣貨幣供給的「死亡交叉」與上市股票成交值變動之關聯
　　　　（1997年1月至2015年7月）

▌資料來源

1.工商時報,社論－凱因斯面對股市動盪的座右銘:保持安靜,2015年8月27日。

2.中央銀行,股票集中市場交易統計－股票交易與股價指數,金融統計月報,2015年8月。

3.行政院主計總處,總體統計資料庫:金融統計－貨幣供給(貨幣總計數),擷取自中華民國統計資訊網:http://goo.gl/zC5PzH,2015年8月31日。

4.行政院主計總處,總體統計資料庫:證券統計－股票市場統計(股票交易與股價指數),擷取自中華民國統計資訊網:http://goo.gl/zC5PzH,2015年5月5日。

5.高照芬,貨幣呈死亡交叉 央行信心喊話,中央社,2011年11月25日。

6.雷盈,彭淮南:銀行不用抽一毛錢銀根,經濟日報,2008年7月1日。

通貨緊縮的苦果

　　傳統的經濟理論過去常強調物價下跌所帶來的正面效應－「實質餘額效果」（real balance effect），亦即，物價下跌會提高實質儲蓄金額，使得家計單位感覺到更富有而願意多消費。然而，物價下跌卻可能產生反效果。物價下跌會使得實質負債提高，造成負債的消費者及廠商債務負擔加重，並因而減少消費。就日本這種家計單位和廠商均負債過重的經濟體而言，物價下跌造成消費減少的衝擊會更嚴重。

　　再則，消費物價持續下跌會讓消費者預期未來商品會更便宜而延遲消費，造成商品需求減少，並進一步引導商品價格下跌，物價將下降至更低的水準。另外，具有伸縮性的工資制度固然是日本經濟的一項優勢，但卻也成為經濟復甦的一項阻礙。在西歐，由於工資具有向下僵固性，因此當物價下跌時，實質工資的提升便能夠支持消費者對商品的需求。在日本卻剛好相反，藉由調低獎金、分紅或減少超時工作等方式，工資水準便能夠迅速地隨物價下跌而調降。

　　由於（名目）利率水準不可能為負值，因此物價下跌所造成的所有結果中最嚴重的莫過於會造成實質利率上升。雖然日本央行已經將重貼現率調降至1.75%（實質利率僅約0.25%），即便未來一年的物價上漲率為-1%，而重貼現率調降至零，實質利率仍然會上升。1930~1933年間，當美國的消費物價平均年增率下跌6.8%時，實質利率卻仍維持在相當高的水準，貨幣政策對於刺激需求顯然發揮不了

作用。持續性的物價下跌必然會使得日本的經濟衰退延續更久，並拖慢經濟復甦的步調。

【摘譯：The Pain of Deflation（The Economist Newspaper Limited, London），1995。】

問題研討

　　「通貨緊縮」（deflation）會對一國經濟發展造成什麼不利的影響？

◇報導17參考答案

▍基本觀念

通貨緊縮的涵義與成因（行政院主計總處，2015年4月13日）：

1. 通貨緊縮係指一般物價持續下跌的現象，依據國際貨幣基金（IMF）定義，因需求減少致物價持續兩年下跌，始視為通貨緊縮。
2. 通貨緊縮係肇因於供給過剩或需求不足。如果是因為生產技術進步，帶動產品價格下跌，則不能稱為通貨緊縮。

▍通貨緊縮對一國經濟發展所造成的負面衝擊

1. 物價↓ ⇨ 實質利率↑ ⇨ 實質債務負擔↑ ⇨ 消費能力↓（國內需求↓）⇨ 經濟衰退。
2. 物價↓、名目工資↓（伸縮工資制度下）⇨ 實質工資未提升 ⇨ 無法支持商品需求。
3. 預期物價將持續↓ ⇨ 延遲消費 ⇨ 商品需求↓ ⇨ 商品降價（價格破壞）⇨ 企業獲利↓（企業投資↓）⇨ 企業裁員↑ ⇨ 失業率↑（陷入經濟衰退的惡性循環）。

通貨緊縮的相關報導

1. 價格便宜是好事嗎？（陳一姍，2002年2月）

   (1)物價下跌的徵兆出現，跟惡性通膨一樣令人恐懼。因為當大家都相信包括薪資在內，東西會愈來愈便宜，消費者和廠商就不會趕著馬上去消費或投資。需求縮小，將進一步引導物價下跌。害怕東西會愈來愈便宜，廠商就會拚命降價求售，搶了現金再說。一旦這種預期形成，人們不投資、不消費，廠商只好進行毀滅式的價格破壞，企業不賺錢就裁員，整個經濟會捲入漩渦裡無法自拔。

   (2)政府必須慎防物價持續下跌的預期心理。過去10年，通貨緊縮成為日本央行的頭號大敵。日本央行把利率幾乎降為零，但因為人們預期物價會繼續下跌，不願消費與投資，銀行錢放不出去，低利率沒有效果。

2. 通縮必然伴隨著衰退嗎？（工商時報，2015年5月13日）

   (1)所謂通縮是指物價持續下跌的現象，與通膨恰好相反。一般認為當消費者物價指數（CPI）持續兩季下跌即代表有通縮的跡象；之所以是兩季而不是三季、四季，主因經濟理論向來認為指標出現連續兩季反轉即非偶然，必須加以正視，例如衰退（recession）一詞也是指連續兩季經濟成長率下滑。

   (2)根據統計，英國自1800年以來有78年出現通縮，瑞典自1830年以來也有43年出現通縮，值得注意的是，並非每次通縮都伴隨經濟衰退。臺灣半個世紀以來，也分別在1964年、1983～1984年、1985～1986年、2001～2003年、2006年、2009年出現六次通縮，這六次通縮最短者是連續兩季CPI下滑，最長者則是連續三年下滑，同樣的，臺灣的通縮也並非次次伴隨著衰退。因此，當物價跌幅不大，跌個兩季，甚至跌個三、四季，雖然有通縮跡象，並不妨礙景氣擴張。只要通縮不伴隨著非理性預期，民間消費沒有因此減少，是不必太憂心的。

▌ 資料來源

1.The Pain of Deflation (The Economist Newspaper Limited, London), In B. Atkinson, *Economics in the News: Based on Articles from The Economist* (pp. 47-48), Addison-Wesley Publishing Company Inc., 1995.

2.工商時報，社論一對通縮應有的正確認識，2015年5月13日。

3.行政院主計總處，何謂通貨緊縮？肇因為何？我國是否有通貨緊縮之虞？，擷取自中華民國統計資訊網：http://goo.gl/ojEr2R，2015年4月13日。

4.陳一姍，價格便宜是好事嗎？，天下雜誌，第249期，74-75頁，2002年2月。

低價惡果衝擊臺灣

　　直覺上，物美價廉，讓所得購買力高，可以帶來幸福感，也可以吸引更多國外觀光客，對經濟成長似有正面效果。但深入思考卻發現，其實不利臺灣的長期發展，甚至有害。物美價廉代表相同的商品在臺灣賣出的價錢較低，利潤相對就較少。2013年美國商會已經指出，臺灣是「低利潤市場」（low margin market），不少美商用腳投票離開臺灣。而本土實力企業家及人才，為追求更好的報酬，也整批出走。尤其人才流失，對臺灣經濟與社會傷害更大。約10到5年前，大陸航空業快速發展，臺灣機師薪資低、技術好，被大量挖角。其他如電子科技、半導體、金融業、文創產業、高端服務業等領域，大陸、新加坡、香港也都來臺灣高薪挖角，造成楚材晉用。企業、人才流失，臺灣悶經濟愈陷愈深，暮氣沉沉。雖然近年觀光業獲利，但外國人來臺灣觀光，某種程度也是享受臺灣的廉價資源，對臺灣經濟的貢獻有限。

　　追根究底，低物價的形成，與企業追求成本節約型商業模式及民眾偏好「俗又大碗」有關。而推波助瀾的原因是，政府長期補貼水電油的產業政策，及為了選舉所開的「凍漲」支票。水電油價格是所有商品最根源的成本，商品的生產、銷售都與水油電價息息相關，且對最後售價的影響也最為直接。

經濟起飛時期，政府壓低水電油價格，補貼企業經營成本，成功達到促進民間投資、帶動產業興盛、臺灣經濟高飛等目標。但隨著國內產業結構轉型、服務業比重提升、製造業西進等因素，低價補貼反而形成高耗能企業該淘汰不能淘汰，不利升級轉型及新能源的產業推動。

中油、臺電、自來水公司經年虧損，無力更新設備，無力創造盈餘繳庫。排擠稅收的結果，讓政府無力做好水電油新建設的規畫與推動，因而效率低落，成本墊高，陷入營運及政府預算負擔的惡性循環。

臺灣過去10餘年僅1%左右的物價成長率，薪資成長長期停滯，通縮症狀已出現。政府要及早研擬對策，趁能源價格低落之時，檢討補貼政策，反映真實市價下的生產成本。讓價格回歸市場機制，才能創造最大效益，進而形成物價、薪資交替上升的正面循環，讓臺灣擺脫Republic of Cheap，走出悶經濟，留住人才。

【摘錄：中國時報，社論－Republic of Cheap　低價惡果正顯現，2015年2月8日。】

問題研討

說明低物價對臺灣所造成的負面衝擊。

◇報導18參考答案

▎基本觀念

1. 低價的事實（中國時報，2015年2月8日）

(1)購買力平價（PPP）人均GDP。

A.以PPP計算的人均GDP是消除物價與匯率波動影響後，各國每

人GDP的真實購買力水準，目前被廣泛引用為國際比較的評比
與分析參考。例如，日、韓兩國人均GDP較我國高，但因物價
長年偏高，實際生活水準未能與所得相當，購買力水準反而不
及我國。

B.根據國際貨幣基金（IMF）購買力平價（PPP）所計算的人均
GDP，臺灣在2013年達到41,539美元，雖不及美國、香港的
53,000美元，新加坡的78,762美元，但與德國相若，比日本、英
國的36,000美元、及韓國的34,000美元都來得高。

(2)相對價格指數。

A.根據IMF的調查資料，臺灣的相對價格指數為66.1，在199個調
查國家裡排第106位，是亞洲四小龍中最低的。全球最高的是瑞
士，高達209.6，日本的173.6位居第7，美國的129排第26位，韓
國的99.4排第36位，中國大陸的相對價格指數也有70。

B.在美國以1美元買到的商品，在日本要花107.45日圓（約1.34美
元），在韓國要花854.58韓圜（約0.76美元），而在臺灣只需花
費新臺幣15.11元（約0.51美元）。

2. 低物價所造成貿易條件變動的影響（工商時報，2012年11月5日）

(1)貿易條件（term of trade, TOT）係以出口物價指數除以進口物價
指數來衡量。

(2)TOT愈高就代表出口價格相對提高，出口相對價格提高則廠商的
收益增加，廠商的收益增加，薪資水準才能明顯成長；反之，
TOT下降則表示出口價格相對降低，貿易條件惡化的結果將衝擊
經濟成長動能與廠商收益。

3. 油價凍漲的成本效益分析

(1)效益

A.避免引發全面性物價上漲的壓力。

B.減少民眾實質所得下降的幅度。

C.降低對產業發展與經濟成長所造成的衝擊。

D.避免實質利率大幅下降、抑制資產市場（股匯市、房市等）的
　　　投機炒作。

(2)成本

　　A.扭曲社會資源配置造成資源使用無效率（變相補貼油價造成能
　　　源的過度使用）。

　　B.市場供需失衡所引發的排隊現象、配給制度，以及黑市的形成。

　　C.中油（國營事業）面臨虧損的經營困境。

　　D.國庫收入減少、政府財政收支益形惡化。

▌低物價對臺灣所造成的負面衝擊

1. 企業出走。

　本土及外資企業為追求更好的報酬而離開臺灣這個「低利潤市場」
　（low margin market）。

2. 人才流失。

　電子科技、半導體、金融、文創、航空，及高端服務業等領域專業人
　才遭各國高薪挖角。

3. 不利產業升級轉型及新能源產業推動。

　政府長期補貼水電油的產業政策助長低附加價值（追求低成本）及高
　耗能產業，不利產業升級轉型及新能源產業推動。

4. 水電油等國營事業經年虧損、陷入營運困境及政府沉重預算負擔的惡
　性循環。

　中油、臺電、自來水公司經年虧損，無力更新設備，因而效率低落，
　成本墊高，陷入營運困境及政府預算負擔沉重的惡性循環。

5. 薪資成長停滯不前、通縮症狀逐漸浮現。

　臺灣過去10餘年僅1%左右的物價成長率，薪資成長長期停滯，經濟
　發展陷入通縮陰霾之中。

▌低物價衝擊經濟發展的相關報導

1. 政府的產業政策（租稅優惠與補貼等）與金融政策（低雙率）明顯拖慢了產業升級轉型的腳步，臺灣的產業發展仍無法擺脫以代工、製造為主的模式，淪入利潤微薄，無法提升附加價值，只知壓低成本的惡性循環。（中國時報，2013年6月5日；黃琴雅，2012年9月20日）
2. 臺灣在全球化生產鏈裡，一直處於代工的地位，代工模式使得臺灣不少電子、資訊產品的產量雖在全球名列前茅，但所創造的附加價值（value added）卻日益微薄。附加價值最終是要分配給各生產要素的，其愈微薄則分配給受僱人員的薪資就不可能提高。（工商時報，2012年10月15日）

▌資料來源

1. 工商時報，社論－評析臺灣薪資變化的三個十年，2012年10月15日。
2. 工商時報，社論－臺灣經濟走緩不只是景氣循環問題，2012年11月5日。
3. 中國時報，社論－Republic of Cheap低價惡果正顯現，2015年2月8日。
4. 中國時報，社論－衝競爭力 結構性改革已無可避免，2013年6月5日。
5. 黃琴雅，破解GDP迷思 不要只救出口 臺灣也有好工作！，新新聞，第1333期，48-56頁，2012年9月20日。

俄羅斯的經濟困境

　　隨著俄羅斯與烏克蘭對峙引發地緣政治緊張局勢，以及西方世界對俄羅斯採取經濟制裁，導致資金持續外逃，加上油價大幅崩跌等影響，造成俄羅斯貨幣「盧布」重貶至歷史新低。「盧布」疲軟推升進口物價，導致通膨陡升。即便俄羅斯經濟已處於經濟蕭條邊緣，俄羅斯央行仍不惜祭出升息手段以對抗日益加劇的通膨風險。

　　雖然俄羅斯央行已將基準利率由2014年11月初的8%持續上調至2014年12月中的17%，投資人仍擔心升息恐不足以緩和油價下滑及西方經濟制裁帶來的壓力。2014年以來，盧布兌換美元匯率已告腰斬，成為全球表現最差的新興市場貨幣。市場擔心油價跌勢若遲未止步，「盧布」一樣還是會繼續被拖下水，若續貶壓力不減，俄羅斯經濟岌岌可危，恐因此引發新一波金融風暴。

　　不過，也有分析師指出，由於全球金融市場對俄羅斯的曝險度仍偏低，再加上俄羅斯目前可投入干預匯市的外匯存底仍達2,047億美元，在龐大外匯存底的支持下，俄羅斯金融市場動盪要演變成全球性貨幣危機的可能性相當低。然而，值得注意的是，如果出現資金從新興市場恐慌性撤離，則亞洲金融風暴惡夢就有重演之虞。

【摘錄：吳慧珍、蕭美惠，俄升息無效 股匯債全崩，工商時報，2014年12月17日；林國賓，新聞分析－亞洲金融風暴再現 機率不高，工商時報，2014年12月17日；謝佐人，俄羅斯調高利率對抗通膨，中廣新聞，2014年12月12日；吳慧珍，俄抗通膨 意外升息2碼，工商時報，2014年7月26日。】

問題研討

說明俄羅斯盧布（Russian Rouble, RUB）重貶的原因及可能的影響。

◇報導19參考答案

▌基本觀念

資本外逃（capital flight）：

資金大規模且突然地由某一個國家移出的現象。發生資本外逃的國家，通常會觀察到該國的利率與物價飆漲、匯價與股價崩跌，以及干預匯價所導致的外匯準備大幅流失等情況。

1. 1994年墨西哥政治局勢不安，引發全球金融市場緊張，許多投資者紛紛將資產移出墨西哥，並將資金轉往美國或其他較安全的「避難所」。

2. 1997年東南亞金融危機（泰國、印尼等國）、1998年俄羅斯債務危機，以及2002年阿根廷金融危機時，均出現資本外逃的情況。

▌俄羅斯盧布重貶的原因

1. 西方世界（美國與歐盟）因俄羅斯與烏克蘭的軍事對峙而對俄羅斯採取經濟制裁，導致俄羅斯資金持續外逃（亦即，在外匯市場中拋售盧布以兌換美元等外幣）。

2. 油價大幅崩跌衝擊產油國俄羅斯的經濟命脈，致使俄羅斯的財政與經濟發展陷入困境，影響社會大眾（包括金融機構、企業和個人等）持有盧布的信心。

▌俄羅斯盧布重貶可能造成的影響

1. 推升俄羅斯進口物價，導致通膨陡升。

2. 為對抗日益加劇的通膨風險，俄羅斯央行祭出的升息手段，使得已處於蕭條邊緣的俄羅斯經濟更加雪上加霜。

3. 俄羅斯央行為支撐盧布匯價所進行的外匯干預手段，將大量消耗其外匯存底。

4. 若新興市場出現資金恐慌性撤離，則亞洲金融風暴的夢魘恐怕會重現。

5. 外匯市場動盪，恐阻礙商業活動的進行（亦即，影響進口商品的訂價與市場交易）[5]。

金融危機的相關報導

1. 希臘倒債及脫歐陰影揮之不去　市場投資人信心受創（工商時報，2015年6月17日）

   (1) 國際金融市場已經反映希臘可能退出歐元區的災難，德國股市從4月的12,390高點一路下挫，到6月15日已經跌到11,000點，50個交易日跌掉10%，幾乎已經把歐洲央行總裁德拉吉（Mario Draghi）宣布QE之後的漲幅跌光。希臘股市則早就跌回2012年歐債危機時的低點，光是6月5日希臘政府再度拖延償債的當日，希臘銀行就出現5億歐元的資本外逃，銀行股價更出現無反彈重挫。

   (2) 歐洲的動盪可能會延緩美國聯準會調高利率的時機，但是歐洲動盪本身卻會造成全球金融市場的下行壓力，同時也對已經疲弱的世界貿易造成新一波的打擊。更令人憂心的是，最近在亞洲流竄的正是歐洲央行QE後溢流出來的熱錢，這些熱錢的去留，可能對包括臺灣在內的亞洲新興市場，造成新的威脅。

2. 「金融震盪」惡化成為「金融風暴」？（工商時報，2015年8月25日）

   (1) 目前的金融動盪是2008年金融海嘯之後，包括大陸在內的世界各主要經濟體，以巨額的量化寬鬆（QE）創造過度的貨幣流動性，這些過剩的資金在金融市場四處流竄，拉高資產價格，掩飾

---

[5]　俄羅斯盧布重貶至歷史新低，且跌勢深不可測，造成蘋果在俄羅斯的網路商店完全無法訂價，只得被迫暫時停止在俄羅斯的銷售。（林淑燕，2014年12月17日）

實體經濟的病灶，過剩的資金結伴而來、蜂擁而去，造成劇烈的「金融震盪」，結果是奪走政府政策對於「實體經濟」的主導權。

(2) 過去一週「金融震盪」已有惡化為「金融風暴」的徵兆。不論在臺灣、中國大陸、歐洲、中南美洲甚至美國，都發生出乎意料之外的劇烈震盪，已經跌到15年低點的彭博新興市場匯率指數，仍然以每日0.3%的劇烈幅度向下探底，俄羅斯盧布匯率再度貶向2014年烏克蘭危機的低點，馬來西亞、印尼的匯率也跌向1997年金融海嘯以來的新低。

▌資料來源

1. 工商時報，社論－希臘退出歐元區的真正危機，2015年6月17日。
2. 工商時報，社論－「金融震盪」惡化成為「金融風暴」？，2015年8月25日。
3. 吳慧珍，俄抗通膨 意外升息2碼，工商時報，2014年7月26日。
4. 吳慧珍、蕭美惠，俄升息無效 股匯債全崩，工商時報，2014年12月17日。
5. 林國賓，新聞分析－亞洲金融風暴再現 機率不高，工商時報，2014年12月17日。
6. 林淑燕，盧布跳水式貶值 連蘋果都害怕，中時電子報，2014年12月17日。
7. 謝佐人，俄羅斯調高利率對抗通膨，中廣新聞，2014年12月12日。

報導20

美國債信評等遭降級

　　國際債信評等機構「標準普爾」（Standard & Poor's），2011年8月5日晚間史無前例地將美國主權債信評級從最高的AAA調降一級到AA+，理由在於美國朝野近來處理債務違約危機各謀其利，減損了美國的穩定、效率和可預期性，致使日後債務違約的風險升高。標普並將美國債信展望維持為「負向」，表明若兩年內美國縮減鉅額聯邦預算赤字未見成效，還會再調降美國信評。

　　美國債信最早於1917年獲得穆迪給予AAA頂級評等，隨後又在1941年獲標普相同評級。此次是美國債信首度遭調降。標普與「穆迪」和「惠譽」為全球名列前三大的國際信評機構，而公認三者中，又以標普最具全球影響力。標普在4月18日就已將美國債信展望由穩定調降為負向，7月時更將美國列入信評觀察名單，同時警告可能在90天內調降美國債信評等。穆迪和惠譽在美國8月2日調高舉債上限後都重新認可美國的AAA級債信，但也警告說，還在研究美國削減赤字的計畫是否足夠，藉以確定是否應維持美國債信評級。根據摩根大通銀行日前估計，債信降級可能使美國國庫券殖利率在「中期」內升高0.6%到0.7%，將造成美國每年的借貸成本增加約1,000億美元。

【摘錄：陳文和，破天荒 美債信評等降級AA+，中國時報，2011年8月7日。】

問題研討

說明美國債信評等遭降級的原因與影響。

✧報導20參考答案

▌基本觀念

1. 債券信用評等（bond ratings）機構

    (1)穆迪公司（Moody's Investors Service）。

    (2)標準普爾公司（Standard and Poor's Corporation）。

    (3)惠譽國際信用評等公司（Fitch Ratings）。

2. 違約（信用／倒帳）風險（default risk）

    (1)涵義：債券發行者無法履行其按時付息或到期償付本金（債券面值）的義務。

    (2)違約風險愈高的債券，代表債券持有者須承擔的風險愈高，因此債券持有者會要求獲得較高的補償【稱作風險貼水（risk premium）】，故違約風險愈高的債券，其（殖）利率會愈高。

    (3)債信評等結果反映出債券違約風險的程度，並影響其違約風險貼水的多寡。

▌美國債信評等遭降級的原因

1. 美國朝野當時處理債務違約危機各謀其利（導致未能及早調高舉債上限），減損了美國的穩定、效率和可預期性，致使日後債務違約的風險升高。標準普爾並將美國債信展望維持為「負向」，表明若2年內美國縮減鉅額聯邦預算赤字未見成效，還會再調降美國信評。

2. 標準普爾在宣布調降美國長期信評的聲明中表示，降評是因為認為美國國會與行政部門當時就財政整頓計畫（減赤措施）所達成的協議，並不足以使美國政府中期債務結構趨於穩定。標準普爾並將美國信評

展望維持於「負向」，代表若刪減支出低於預期、利率上揚或出現新的財政壓力，該機構可能會在2年內再度調降評等。（林國賓，2011年8月7日）

3. 雖然美國國會在最後期限前通過提高舉債上限法案，未來10年將削減2兆5,000億美元赤字，不過，這樣的減債計畫無法抑制債務的增加，這也是標準普爾調降其債信評等的一大理由。（中國時報，2011年8月9日）

美國債信評等遭降級的影響

1. 當一個國家的債信遭降等時，反映其所發行債券的違約風險將提高，這會導致債券的利率水準上揚，代表發債國必須支付更高的債息，因而使得發債國的籌資成本提高。至於擁有頂級信評的國家，則被市場視為財政穩定並有足夠的還債能力，其公債相對安全，因而能取得低成本借貸。

2. 根據摩根大通銀行當時的估計，債信降級可能使美國國庫券殖利率在「中期」內升高0.6%到0.7%，將造成美國每年的借貸成本增加約1,000億美元。

債務違約與債信評等的相關報導

1. 希臘公債殖利率漲破70%（簡國帆，2011年9月4日）

   (1) 希臘與國際債權人展開的新一輪紓困協商，2011年9月2日因希臘未能達成縮減赤字目標而意外暫時中止，使未來數月內重整債務的可能性升高，再度引發歐洲金融市場恐慌，希臘公債殖利率應聲漲至歐元問世以來新高。

   (2) 希臘紓困協商暫停的消息傳出後，希臘一年期公債殖利率漲破70%，二年期殖利率上漲9.95個百分點至47.2%，達到投資人認為希臘債務近期幾乎一定違約的水準。有經濟學家預期，希臘債務於2012年3月前將「硬違約」（hard default）。「硬違約」意指失

序的債務違約，可能引發嚴重的骨牌效應，例如導致高槓桿的銀行破產，並推升他國的公債殖利率。

(3)希臘不僅預算赤字占GDP比率的預測值高於紓困方案的容許範圍，也無法達成透過民營化國營資產來提高收入的目標，令人質疑希臘履行紓困條件的能力。

2.財政陷困境 荷蘭頂級信評恐不保（王曉伯，2012年4月23日）

(1)擁有頂級信評的荷蘭原是歐元區嚴守財政紀律的模範生，對於希臘等債務危機國一向不假詞色。然而歐債危機導致荷蘭經濟受創，2011年第3季與第4季經濟連續兩季呈負成長，已呈技術性衰退。

(2)荷蘭聯合政府預期2013年財政赤字占GDP比率，將超過歐元區所規定的3%上限，達到4.7%，並且在2015年也難以下降。同時，荷蘭債務占GDP比率在2015年也可能達到76%，進一步超過歐元區設定的60%上限。

(3)市場上對於荷蘭能否繼續保持頂級信評產生憂慮，信評業者惠譽前一週更是威脅，荷蘭若是無法降低赤字，就將剝奪其頂級信評。受此影響，荷蘭公債價格持續下跌，而殖利率則一路上升，與德國間的利差持續擴大。歐元區當時僅有四國擁有頂級信評，除荷蘭外，還有德國、芬蘭與盧森堡。

▋ 債信評等的等級與標示（參閱表20-1）

表20-1　三大信評機構債信評等的等級與標示

Rating			Definitions
Moody's	S&P	Fitch	
Aaa	AAA	AAA	Prime Maximum Safety
Aa1	AA＋	AA＋	High Grade High Quality
Aa2	AA	AA	
Aa3	AA－	AA－	
A1	A＋	A＋	Upper Medium Grade

A2	A	A	
A3	A−	A−	
Baa1	BBB+	BBB+	Lower Medium Grade
Baa2	BBB	BBB	
Baa3	BBB−	BBB−	
Ba1	BB+	BB+	Non Investment Grade
Ba2	BB	BB	Speculative
Ba3	BB−	BB−	
B1	B+	B+	Highly Speculative
B2	B	B	
B3	B−	B−	
Caa1	CCC+	CCC	Substantial Risk
Caa2	CCC	—	In Poor Standing
Caa3	CCC−	—	
Ca	—	—	Extremely Speculative
C	—	—	May be in Default
—	—	DDD	Default
—	—	DD	—
—	D	D	

資料來源：Mishkin, F. S., *The Economics of Money, Banking and Financial Markets* (9th ed.), Pearson Education, Inc., 2010.

▍資料來源

1.Mishkin, F. S., *The Economics of Money, Banking and Financial Markets* (9th ed.), Pearson Education, Inc., 2010.
2.王曉伯，財政陷困境 政府瀕垮臺 荷蘭頂級信評恐不保，工商時報，2012年4月23日。
3.中國時報，社論－美經濟二次衰退隱憂浮現，2011年8月9日。
4.林國賓，美信評遭降 QE3上膛，工商時報，2011年8月7日。
5.陳文和，破天荒 美債信評等降級AA+，中國時報，2011年8月7日。
6.簡國帆，希臘公債殖利率 漲破70%，經濟日報，2011年9月4日。

歐洲央行宣布啓動
量化寬鬆措施

為對抗通貨緊縮,並刺激歐洲經濟動能轉強,歐洲央行(ECB)繼美國、英國與日本之後,在2015年首次利率會議後,也宣布啓動購買政府與民間部門債券的量化寬鬆措施(QE),計畫自2015年3月起,每月進行600億歐元(690億美元)資產收購持續至2016年9月底,預估這項資產收購措施規模將達1.14兆歐元(約1.3兆美元)。

由於此措施之資產購買規模,超過市場原先預期的每月500億歐元,歐元應聲下挫、兌換美元跌至1.1455價位,創下11年來低點,歐洲公債也告揚升,殖利率大都降到歷史低點,甚至降至負值;歐美股市則是先跌後揚,其中反對QE的德國,其股市也大漲逾百點,顯示投資人對歐版QE成效有所期待。ECB決定啓動QE主要是基於兩項不受歡迎的發展:一是通膨動能持續疲弱,已經超出預期;二是2014年6月到9月ECB所實行的貨幣政策措施成效不彰,因而導致ECB管理委員會決定擴大資產收購。

然而,英國《金融時報》卻提出警告,ECB此舉可能會引發全球貨幣大戰。過去美國、日本的QE也曾造成貨幣戰爭,不過都屬於局部性;例如美國QE引發新興市場的貨幣戰,日本促使日圓下跌則是引起亞洲貨幣的競貶戰;但是ECB的QE卻可能會引發全球貨幣大戰。

事實上，一週前由於市場已預期ECB即將推出QE，因而引發資金買進瑞士法郎避險，瑞士法郎上漲壓力大增，迫使瑞士中央銀行「瑞士國家銀行」（SNB）在無預警下放棄實施三年（2011年9月以來）的1.20瑞士法郎兌換1歐元匯率上限，並宣布將存款的基準利率由負0.25%調降至負0.75%，造成瑞士法郎兌換歐元匯價一度狂升近30%至0.8052瑞士法郎兌換1歐元，瑞士股市則重挫12%，出口商股價全跌得鼻青臉腫。為避免市場資金轉向炒作丹麥克朗，丹麥隨即跟進調降利率，盼透過降息能削弱外資對克朗計價資產的興趣，阻升克朗匯價。

歐元下跌將有助於歐洲汽車的海外競爭力，一直把德國汽車視為最主要競爭對手的日本汽車業勢必面臨更大的競爭壓力；此外，英國央行升息時間延後的一個重大原因，就是為了避免其海外競爭面對弱勢歐元的歐陸產品而告失利。隨著歐元與日圓下跌，強勢美元已開始對美國企業出口造成影響。若是美元強勢而對其經濟衝擊加劇，美國不無可能也會加入戰局。

【摘錄：江靜玲、王嘉源，兌歐元匯率上限取消 瑞郎狂升，中國時報，2015年1月16日；蕭麗君，瑞士央行突擊 市場混亂，工商時報，2015年1月16日；林國賓，堵熱錢 丹麥無預警降息，工商時報，2015年1月21日；蕭麗君，歐QE月砸600億歐元，工商時報，2015年1月23日；王曉伯，ECB恐引發全球貨幣大戰，工商時報，2015年1月23日；王曉伯，負利率公債增多 投資人不怕，工商時報，2015年1月27日。】

問題研討

歐洲央行啟動的量化寬鬆措施對全球股、債、匯市與各國經濟發展造成的影響為何？

✧報導21參考答案

▌基本觀念

1. 量化寬鬆（Quantitative Easing, QE）貨幣政策的涵義與影響（摘譯：BBC News, What is quantitative easing?）

   (1)通常央行會採取降低利率的方式來間接地刺激市場經濟活動（刺激消費），並且避免貸款市場出現信用緊縮（credit crunch）的情況。然而，當市場利率已降無可降時（已接近零利率），此時央行唯一的選擇便是直接將貨幣「倒入」經濟體系中，這就是所謂的量化寬鬆（Quantitative Easing, QE）政策。通常央行係以所發行的通貨向商業銀行、保險公司等金融機構購買金融資產（如：公債、公司債），藉此增加經濟體系的貨幣供給。雖然實際上央行並非真的在印鈔票，但經濟學家認為量化寬鬆政策就如同印鈔票一般在擴張央行的資產負債表與貨幣基數。

   (2)量化寬鬆政策的影響效果：信用成長（容易取得銀行貸款）、融資成本降低。

      A.商業銀行將金融資產售予央行後，一旦帳戶中存在較多的閒置資金時，商業銀行便較有意願將資金貸放給企業或個人，因而可促進經濟活動的進行。

      B.若央行向金融機構購買它們所持有的債券，除了會使得這些債券的供給減少之外，新債券的需求也會因此而增加，故企業的資金成本將下降。

2. 量化寬鬆政策實施案例：美國次貸風暴引發全球金融海嘯

   (1)美國FOMC將聯邦資金利率調降至0%～0.25%的目標區間（2008.12.16）。

   (2)在短期利率已經降無可降的情況下，為了進一步放鬆貨幣政策，美國Fed遂將貨幣政策的操作目標由資金價格（短期利率）

轉為資金數量，因而出現了量化寬鬆政策。

(3)自2008年金融危機以來，為了刺激經濟成長，Fed前前後後總共實施三輪的購債計畫【包括購入不動產擔保抵押債券（Mortgage-based Securities, MBS）及美國政府公債】。其中，QE的目的是為紓解美國因房市泡沫破滅所引發的信用緊縮危機，QE2是為振興受金融風暴重創的美國經濟，QE3則是要創造更多就業機會。截至2014年10月QE退場為止，Fed旗下的證券、不動產與其他資產等投資組合規模，已從危機前的不到1兆美元擴大至超過4.5兆美元，其中多數為透過三輪QE所購得的美國公債。（蕭麗君，2015年1月11日）

▍歐洲央行啟動的量化寬鬆措施對全球股、債、匯市與各國經濟發展造成的影響

1. 瑞士央行在無預警下撤銷實施三年瑞郎兌換歐元的匯價上限（1.20瑞郎兌換1歐元）並調降利率，造成瑞士法郎兌換歐元匯價一度狂升近30%，瑞士股市則重挫12%。
2. 歐元兌換美元匯價下跌至11年以來的低點。
3. 歐美股市先跌後揚，其中反對QE的德國，其股市大漲逾百點，顯示投資人對歐版QE成效有所期待。
4. 投資人爭相買進歐元區國家發行的公債，致使歐元區國家公債價格上揚，殖利率大都降到歷史低點，甚至降至負值[6]。
5. 丹麥、加拿大等國央行宣布降息。

---

[6] 為對抗通貨緊縮，歐、日央行承諾擴大購買公債與投資人趨避風險，使得美、德、日等工業國一向為避險天堂的公債更為搶手，殖利率甚至降為負值，顯示投資人為求避險，寧願虧本借錢。據統計，2015年2月間，德國到6年期公債殖利率都是負值，日本則是到4年期，而歐元區公債有逾四分之一的殖利率都是負值，總額約3兆歐元。這意味著市場對央行提振通膨與經濟不具信心。（工商時報，2015年2月18日）

6. 歐元下跌將有助於歐洲汽車的海外競爭力，日本汽車業勢必面臨更大的競爭壓力。

7. 強勢美元將不利美國企業出口，並因此衝擊美國的經濟成長。

8. 恐引發全球貨幣競貶大戰。

抗通縮寬鬆貨幣政策對金融市場的影響（工商時報，2015年2月18日；王曉伯，2015年1月23日）

1. 主要工業國公債殖利率呈負值已成新常態。
   (1) 歐日央行承諾擴大購買公債與投資人趨避風險，使美、德、日等工業國一向為避險天堂的公債更為搶手，殖利率甚至降為負值。
   (2) 逾四分之一的歐元區公債殖利率為負值，總額約3兆歐元，意味市場對央行提振通膨與經濟不具信心。

2. 新興經濟體資產市場動盪加劇。
   (1) 在投資人追求高收益資產考量下，新興國家資產市場將吸引各國寬鬆措施下的豐沛資金湧入，可能再度引發資產泡沫化。
   (2) 美國可能升息的預期心理卻會吸引若干資金撤出新興市場。
   (3) 隨著資金進出頻仍，預料新興經濟體資產（尤其是貨幣）市場的波動將更趨劇烈。

3. 恐引發全球貨幣大戰（以鄰為壑、掀起貨幣競貶戰）。
   (1) G20各國同意以貨幣貶值來換取競爭力的擴大，而非採取效果過於緩慢的結構性改革來提振經濟。
   (2) 瑞典、瑞士與丹麥降息，目的之一就是為阻擋歐元的貶值攻勢。
   (3) 隨著歐元、日圓下跌，美元強勢已衝擊美企業出口。若美元強勢對其經濟衝擊加劇，美國不無可能也會加入戰圈。

▍資料來源

1. BBC News, *What is quantitative easing?*，擷取自 BBC NEWS 全球資訊網：http://www.bbc.com/news/business-15198789，2015年1月22日。
2. 工商時報，抗通縮對金融市場造成三影響，2015年2月18日。
3. 王曉伯，ECB恐引發全球貨幣大戰，工商時報，2015年1月23日。
4. 王曉伯，負利率公債增多 投資人不怕，工商時報，2015年1月27日。
5. 江靜玲、王嘉源，兌歐元匯率上限取消 瑞郎狂升，中國時報，2015年1月16日。
6. 林國賓，堵熱錢 丹麥無預警降息，工商時報，2015年1月21日。
7. 蕭麗君，QE大賺 Fed繳庫金額破紀錄，工商時報，2015年1月11日。
8. 蕭麗君，瑞士央行突擊 市場混亂，工商時報，2015年1月16日。
9. 蕭麗君，歐QE月砸600億歐元，工商時報，2015年1月23日。

報導22

人民幣國際化所面臨的兩難

在中國大陸籌設亞洲基礎設施投資銀行獲得除美國、日本外全球各國廣泛支持，即將獲得實現之際，人民幣是否納入國際貨幣基金（IMF）的特別提款權（Special Drawing Right, SDR），成為與美元、歐元、英鎊及日圓相同的計價標準籃（standard basket）成員，廣被討論。

根據環球銀行金融電信協會（SWIFT）的統計，2014年底人民幣全球支付比重首次突破2%，來到2.17%，在全球支付貨幣的排名則是急速攀升至第五位，僅次於美元、歐元、英鎊及日圓。相較於2年前的比重及排名僅不過是0.25%及第20位，人民幣在全球支付的使用與流通，已不可同日而語。

IMF評判一國貨幣能否被加入SDR的兩大標準，其中一項必須是在國際貿易（經常帳）上被廣泛使用的貨幣，基本上人民幣已經符合；但另外一項是貨幣必須可以自由使用，特別是在金融帳方面，不存在任何違背市場機制的進出及兌換障礙，這點人民幣在短期仍難以做到。主要原因是大陸目前的經常帳雖已全面開放，但在金融帳（大陸習慣用資本帳稱呼）部分，資金進出與兌換，都需經主管機關審批及同意，無形中也限制貨幣的使用與流通。

當中國大陸在追求人民幣國際化、希望納入SDR之際，無論是基於主動或被動的理由，都必須全面推動金融改革，落實真正的市場機制。其中最重要的無非是解除利率管制、減少干預外匯市場並擴大人民幣匯率浮動區間，同時進一步鬆綁資本管制。

人民幣國際化是一把雙面刃，帶來龐大效益的同時，也會加大國內金融市場的動盪。特別是隨著資本管制的解禁，當人民幣被境外企業或投資者大量需求或使用時，不可避免地將會弱化人民銀行對外匯市場及金融體系的調控能力，貨幣政策及金融政策的操作難度也將大幅提高。

【摘錄：旺報，社評－人民幣國際化面臨兩難，2015年4月21日；郭芝芸，旺報觀點－人幣國際化先停止黑手干預，旺報，2015年4月21日。】

問題研討

國際貨幣基金（IMF）評估一國貨幣能否被加入特別提款權（Special Drawing Right, SDR）的標準為何？為何中國大陸在追求人民幣國際化時會面臨兩難的取捨？

◇報導22參考答案

▌基本觀念

1. 國際收支（balance of payments, BOP）
   (1) 國際收支係某一特定期間（一季、半年或一年），一經濟體居民與非居民間一切經濟交易的有系統紀錄。
   (2) 這種紀錄通常以複式記帳作借貸等額記載，故稱之為平衡表。
   (3) 國際收支平衡表由經常帳、資本帳、金融帳及誤差與遺漏項加總而成，餘額反映在央行「準備資產」的變動。

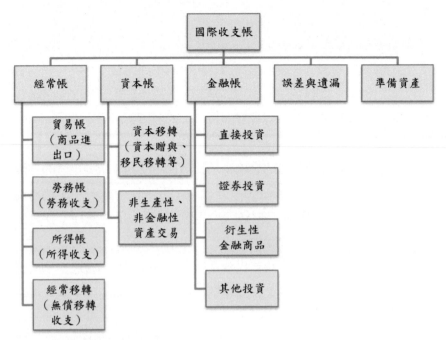

圖22-1　國際收支帳的構成

2. 國際收支帳的構成（參閱圖22-1）

(1) 經常帳（current account）

　記載一經濟體居民與非居民間之商品進出口、服務、薪資與投資收益的收支，以及經常性（無償）移轉收支等各項交易。

A. 服務項目包括：運輸、通訊、旅遊、銀行、保險、專利（特許）權使用等。

B. 投資收益（investment income）指的是直接投資、證券投資與其他投資的收入或支出，包括：股利、利潤和利息等。至於投資金額與交易所引起的資本損益（已實現的資本利得或損失）則應記載於金融帳中。

C. 經常性移轉（current transfers）亦稱作無償移轉（unrequited transfer）或單方面移轉（unilateral transfers），包含所有非資本移轉項目的移轉，如：國際援助捐款、戰爭賠款、僑民匯款、

繼承、退休金等。

(2)資本帳（capital account）

記載一經濟體居民與非居民間之政府與民間的資本移轉（如：資本財贈與、債務免除、移民移轉等），以及非生產性與非金融性資產（如專利權、商譽等無形資產）的取得與處分交易。

(3)金融帳（financial account）

A.記載一經濟體對外的金融資產與負債的交易，根據投資的功能或種類分為直接投資、證券投資、衍生性金融商品與其他投資。各類投資均區分為資產（居民對非居民之債權）及負債（居民對非居民之債務）。

B.不屬於直接投資、證券投資及衍生性金融商品的金融交易均歸類在其他投資。其他投資包括：貿易信用、貸（借）款、現金與存款及其他應收應付款項。各項交易再分為長期與短期，長期係指契約期限超過一年或未載明到期日者，短期則指契約期限在一年及一年以下者。

(4)誤差與遺漏項

確保國際收支帳平衡之調整項。

(5)準備資產的變動

A.準備資產係指貨幣當局所控管隨時可動用的國外資產，包括貨幣性黃金、外匯存底（含外幣現金、存款及有價證券）與其他債權。

B.將經常帳餘額、資本帳餘額、金融帳餘額，以及誤差與遺漏項加總之後即可得知準備資產變動的金額與一國的國際收支狀況。

3. 特別提款權（Special Drawing Right, SDR）

(1)特別提款權（SDR）是國際貨幣基金（IMF）創造的記帳工具，用來清算各國官方的債權債務，目前（2011年1月1日起）1單位SDR含41.9%的美元、37.4%的歐元、9.4%的日圓與11.3%的英鎊。

（IMF, December 30, 2010）

(2)目前的特別提款權（SDR）貨幣籃子從2011年元旦開始生效，按
照5年效期，將於2015年底到期。原本IMF在2015年11月就要決定
人民幣是否納入SDR的貨幣籃子中，但現在決定推遲至2016年9
月。（工商時報，2015年8月20日）

國際貨幣基金（IMF）評估一國貨幣能否被加入特別提款權（SDR）的標準

1. 必須是在國際貿易（經常帳）上被廣泛使用的貨幣。

2014年底人民幣全球支付比重首次突破2%，來到2.17%，在全球支付
貨幣的排名則是急速攀升至第5位，僅次於美元、歐元、英鎊及日
圓。相較於2年前的比重及排名僅不過是0.25%及第20位，人民幣在全
球支付的使用與流通，已不可同日而語。因此，人民幣基本上已經符
合此項標準。

2. 貨幣必須可以自由使用，特別是在金融帳方面，不存在任何違背市場
機制的進出及兌換障礙。

大陸目前的經常帳雖已全面開放，但在金融帳（大陸習慣用資本帳稱
呼）部分，資金進出與兌換，都需經主管機關審批及同意，無形中也
限制貨幣的使用與流通。因此，短期內人民幣仍難以達到這項標準。

中國大陸在追求人民幣國際化所面臨的兩難

1. 人民幣國際化政策的目的在普及人民幣於國際經貿及金融市場的使
用，同時藉此提升人民幣的國際地位，爭取成為各國儲備貨幣並納入
SDR。

2. 雖然SDR占全球外匯存底規模只有2%，人民幣就算納入SDR，剛開始
的權重也很有限，但其象徵意義甚大，因為若納入SDR，等於IMF為
人民幣背書，相信中國政府將依循國際金融規則運行。（工商時報，
2015年8月20日）

3. 人民幣若能成為SDR一籃子貨幣的一員，將是人民幣國際化的一個重要里程碑，且將加速各國央行將人民幣納入持有的外匯存底，不僅可以緩和美元的強勢，同時也可使人民幣更有能力維持不貶值。（工商時報，2015年4月28日）

4. 隨著資本管制的解禁，當人民幣被境外企業或投資者大量需求或使用時，不可避免地將會弱化人民銀行對外匯市場及金融體系的調控能力，貨幣政策及金融政策的操作難度也將大幅提高。

▌人民幣國際化的相關報導

1. 根據SWIFT的資料顯示，人民幣已經是全球第七大交易貨幣，而且也被許多國家央行納為外匯準備的一部分，若中國啟動貨幣戰爭，持續讓人民幣走跌，勢將使這些國家的外匯存底受損。啟動貨幣戰讓人民幣持續競貶，顯與中國政府致力人民幣國際化的努力方向南轅北轍。（工商時報，2015年8月17日）

2. 對於是否將人民幣當作新的國際儲備貨幣，國際貨幣基金組織（IMF）日前表示，這還需要時間，並且人民幣匯率形成機制還有待改進。因此，對於中國央行隨後的匯率改革，IMF明確表示這是「值得歡迎的一步」，稱「中國正努力讓市場力量在國民經濟中發揮決定性作用，並迅速融入全球金融市場。在此之際，提高匯率靈活性對中國有著重要意義」。（劉洪，2015年8月19日）

3. 推動人民幣加入國際貨幣基金（IMF）特別提款權（SDR），一直被大陸視為人民幣國際化的重要里程碑，而一直以來對此事疑慮最深的美國，在此次「歐習會」中竟表態支持，幾乎就是在暗示人民幣加入SDR將只是時間問題而已。不過，美國支持人民幣加入SDR是有但書的，那就是「符合IMF現今對SDR的評估標準」。眾所周知，要成為SDR貨幣籃子的一員，則該國央行對金融資產、外匯存底的公布就得非常詳細和透明，就大陸而言，儘管其國際貿易規模已經非常大，但是至今卻連資本帳都還沒完全開放，以此來看，相關資料的不夠透

明公開，恐怕才是人民幣至今無法加入SDR的最大問題。（梁世煌，
2015年9月27日）

▌ 資料來源

1.International Monetary Fund (IMF), *Currency Amounts in New Special Drawing Rights (SDR) Basket*, Retrieved from IMF Website: http://goo.gl/nHEobY, December 30, 2010.

2.工商時報，社論－人民幣貶值將啟動貨幣戰爭？，2015年8月17日。

3.工商時報，社論－中國大陸能終結全球貨幣大戰嗎？，2015年4月28日。

4.工商時報，社論－未來一年是人民幣國際化的關鍵期，2015年8月20日。

5.旺報，社評－人民幣國際化面臨兩難，2015年4月21日。

6.梁世煌，旺報觀點－人幣國際化 最大關鍵在大陸，旺報，2015年9月27日。

7.郭芝芸，旺報觀點－人幣國際化先停止黑手干預，旺報，2015年4月21日。

8.劉洪，人民幣貶值不是貨幣戰爭，經濟參考報，擷取自新華網：http://goo.gl/dkfctA，2015年8月19日。

報導23

國際貨幣國家應負起促進全球穩定的責任

　　美國聯準會前主席柏南克（Ben S. Bernanke）應臺灣媒體（商業周刊）之邀，於2015年5月26日來臺訪問並參與「全球經濟大未來」論壇發表「金融海嘯回顧」的專題演說。在論壇前，主辦單位特別安排了彭淮南與柏南克的「雙南會」，前者是在《全球金融》（*Global Finance*）雜誌的評比中，獲得「11A」評價的央行總裁；後者是曾在金融海嘯時以QE印鈔救市著稱於世，全球最有權力的Fed主席。

　　在短短幾分鐘的會晤中，彭淮南直接對柏南克抗議：「你的QE帶來很多副作用，讓我們很煎熬（suffer）。」彭淮南並引用其應英國《金融時報》（*Financial Times*）集團轄下《銀行家》（*The Banker*）雜誌之邀請所撰寫*Why great power demands great responsibility*（「國際貨幣國家應負起促進全球穩定的責任」）一文指出，先進國家不斷輸出貨幣，未必有利全球經濟，反而干擾全球金融市場穩定；而透過貨幣政策刺激股市，也無法達到提振經濟的效果，最佳的方式仍該是從基本面著手。

【摘錄：經濟日報，彭淮南嗆柏南克 你的QE 我的煎熬，2015年5月27日。】

問題研討

　　試根據上述報導中所提及彭淮南總裁撰寫的文章（http://goo.gl/qjxrLZ），說明該文所指「先進國家貨幣政策干擾全球金融市場穩定」的具體內容及事證。

✧報導23參考答案

▎基本觀念

1. 中央銀行的任務

　　我國中央銀行的經營目標如下：（中央銀行法§2）

　　(1)促進金融穩定。

　　(2)健全銀行業務。

　　(3)維護對內及對外幣值之穩定。

　　(4)於上列目標範圍內協助經濟之發展。

2. 中央銀行的業務

　　(1)制定與執行貨幣政策。

　　　A.發行貨幣。

　　　B.訂定重貼現率。

　　　C.訂定存款準備率。

　　　D.公開市場操作。

　　(2)金融政策。

　　　A.作為最後貸款者（lender of last resort）。

　　　B.流動比率。

　　　C.金融監理。

　　　D.維持支付體系的運作。

　　(3)外匯調度。

　　(4)作為政府的銀行（經理國庫業務）。

3. 中央銀行獨立性（independence）
 (1)涵義：中央銀行在執行貨幣政策時可以不受政府行政體系的干預。
 (2)贊成中央銀行應維持獨立性的理由
   A.避免為配合行政部門需要來追求短期利益（政治景氣循環），因而犧牲長期政策穩定目標。
   B.央行完全聽從政府行政體系指揮，可能產生資源分配不公平的現象。
   C.貨幣政策的制定與執行必須具備高度專業性才能獲得金融業的認同及一般民眾的信任與支持。
 (3)反對中央銀行應維持獨立性的理由
   A.央行屬於政府的一部分，應對選民承擔各種政策成敗的責任，故央行應該接受國會的監督。
   B.貨幣政策若能與其他政策互相搭配，將可收相輔相成之效，故央行不能以「獨立」為理由杯葛其他政策。
   C.根據歷史經驗，獨立性高的央行，往往因其獨斷獨行之貨幣政策操作，反而造成經濟的混亂。
 (4)中央銀行獨立性的實證研究
   費雪（S. Fisher）：央行的獨立性愈高，該國的通貨膨脹率會愈低。

▌ 先進國家的政策外溢干擾

1. 貨幣政策的國際傳遞效果衝擊新興經濟體
 (1)先進國家在全球經濟的重要性已不若以往，與新興經濟體景氣循環同步程度也愈趨下降。
 (2)先進國家的寬鬆措施對於景氣過熱的新興經濟體而言，無異是火上加油，嚴重威脅其經濟金融的穩定。
 (3)先進國家的貨幣政策經常透過短期國際資本移動，對新興經濟體的金融市場造成衝擊，並扭曲匯率的真實價位。

◆案例：臺灣（1990年之後）。

A.外資在臺灣股票與外匯市場扮演相當重要的角色。

　　a.臺灣外資進出金額占銀行間外匯交易比率達36%。

　　b.外資持有臺灣的股票、債券與新臺幣存款餘額，約相當於外匯存底的56%（2013年6月底）。

B.短期國際資本移動成為新臺幣匯率主要影響因素。

　　a.資訊不對稱與不完備下的外資群聚行為，經常導致匯率出現過度反應（overshooting）的現象，並偏離經濟基本面應有的水準。

　　b.大量且進出頻繁的短期資金，經常干擾臺灣的經濟與金融穩定。

(4)先進國家透過公開宣示強化貨幣政策效果，將影響全球金融市場追逐風險（risk-on）／規避風險（risk-off）的投資情緒，造成金融資產價格上下起伏。

A.2013年6月全球股票市場下挫，導致6個亞洲新興經濟體資本流出規模達143億美元。

B.2013年7月分臺灣外匯市場外資匯入占銀行間交易比重，由7月10日的22%跳升至次日的34%，其後數日一直維持高檔，並於7月15日達到39%。

(5)核心國家的貨幣政策是造成全球金融循環的重要因素之一。

A.全球循環會使得資本流入其他國家，產生資產價格泡沫與超額信用成長，而與經濟基本面脫節。

B.在資本自由移動的情況下，貨幣政策自主性會因全球金融循環影響而受到限制。

2.先進國家政策不確定性的外溢效果

先進國家的政策不確定性，除了影響其國內投資與產出外，也會形成外溢效果，透過國際貿易與金融等管道，對其他國家造成影響。

(1)2011年債務上限爭論。

(2)2012年財政懸崖協商。

(3)2012年歐洲危機紓困的公民投票爭議。

█ 央行執行貨幣政策的相關報導

1.財政「跳」懸崖 QE3也沒用（尹德瀚、諶悠文，2012年9月15日）

   (1)美國聯邦準備理事會於2012年9月13日宣布實施第三波量化寬鬆
      政策（QE3），聯準會主席柏南克在記者會中表示，推出主要目
      的就是要創造更多就業機會，透過貨幣政策作為工具，營造一個
      有利經濟復甦的大環境；但他強調，貨幣政策不是萬靈丹，無法
      解決所有經濟問題。

   (2)有關通膨問題，柏南克認為，在復甦過程中發生一定程度通膨是
      正常的，因為之前經濟快速滑落，產能利用率低，接下來就會有
      一段時間成長腳步較快，但估計近期內不至於發生經濟過熱，只
      要密切注意，通膨應可維持在接近2%的目標區。

   (3)柏南克並呼籲朝野趕快就「財政懸崖」（fiscal cliff）提出解決方
      式。財政懸崖係指2012年底美國減稅政策到期，以及國會減赤機
      制啟動，將使2013年美國赤字如懸崖般陡降，但也可能扼殺成
      長，導致經濟再度衰退。柏南克說，財政懸崖不解決，推出QE3
      也無濟於事。

   (4)柏南克表示，雖然他認為聯準會可以有效協助減緩失業問題，但
      聯準會沒有強而有力的工具，強到足以解決失業問題。

2.降準啟動陸版QE（戴瑞芬，強哥操盤救市 降準啟動陸版QE，2015年
   4月21日）

   (1)大陸閃電降準，向市場釋放流動性人民幣1.5兆，力度遠超2008
      年底全球金融海嘯以來的救市規模，經濟學家指出，大陸應對當
      前經濟下行壓力加大、外匯占款持續減少、地方債泡沫崩盤危
      機下，宣告啟動陸版QE（貨幣寬鬆政策），釋放明確的「穩增
      長」信號，也揭開寬鬆貨幣政策調控序幕。

(2)由於外貿出口下滑，使得過去長期充當基礎貨幣主要投放方式的外匯占款明顯減少，2015年2、3月外匯占款已連續兩個月負成長，加上廣義貨幣供應量M2增速偏低，銀行存款成長也出現明顯放緩，造成流動性缺口，僅靠公開市場操作已難以有效彌補，但存款準備率調降（降準），無論從實際融資成本還是流動性總量看，起到了精準對沖作用。

3. 中國人民銀行（大陸央行）祭出陸版長期再融資操作（戴瑞芬，人行銀彈狂轟 將再祭陸版LTRO，2015年4月21日）

(1)大陸才剛宣布降準釋放流動性，又將進一步鬆綁信貸限制，中國人民銀行打算仿效歐洲央行在金融海嘯時實施的非常規措施，祭出陸版「長期再融資操作」（Long-Term Refinancing Operation, LTRO）。市場解讀，人行購入國債，把債券換成現金，將再釋放流動性逾兆人民幣，簡直是銀彈狂轟！

(2)LTRO一向被視為變相的量化寬鬆（QE），歐洲央行2011年透過LTRO發放數兆美元的三年期貸款，為陷入困境的歐洲銀行業提供低成本貸款途徑，雖解燃眉之急，然而借新還舊也造成歐洲持續多年的負利率後果，利弊難以估量。

(3)陸版LTRO一旦上路，將允許中資銀行以地方政府發行的債券置換現金，以增加流動性和放貸活動。換言之，就是中資銀行將可使用地方政府發行的債券作為抵押品，來換取貸款。

(4)《華爾街日報》報導指出，因為人行無法再依賴大規模的資本流入來保持貨幣基礎，所以陸版LTRO將旨在避免金融體系放款因地方政府的債券置換計畫而遭到緊縮、甚而推高利率，以確保銀行有充足流動性，減輕利息負擔，並降低債務風險。

資料來源

1.尹德瀚、諶悠文,柏南克:財政「跳」懸崖 QE3也沒用,中國時報,2012年9月15日。

2.彭淮南,國際貨幣國家應負起促進全球穩定的責任,擷取自中央銀行全球資訊網:http://goo.gl/jfRReq,2014年1月20日。

3.經濟日報,彭淮南嗆柏南克 你的QE 我的煎熬,2015年5月27日。

4.戴瑞芬,強哥操盤救市 降準啟動陸版QE,旺報,2015年4月21日。

5.戴瑞芬,人行銀彈狂轟 將再祭陸版LTRO,旺報,2015年4月21日。

振興經濟有待貨幣
與財政工具交互作用

　　政府穩定經濟的工具，不外貨幣政策和財政政策兩種，而貨幣與財政政策有效性的爭論由來已久。如將國家經濟比喻為汽車，貨幣學派於是把高水準的貨幣供給當作油門、低水準的貨幣供給視為煞車，而聯邦準備銀行則為駕駛；財政學派把政府的高支出及低稅率當做油門、政府的低支出及高稅率視為煞車，而國會則為駕駛。

　　貨幣學派主張：「只有錢才重要。」財政學派認為：「錢重要，但是其他要件，如財政政策也重要。」然而，實證顯示，兩者同等重要，更需要妥善組合、交互作用，亦即以貨幣及財政政策影響總合需求水準：當經濟停滯時，用來刺激景氣，帶動經濟復甦；當遭受通貨膨脹時，用來減緩經濟，撲滅物價連續上漲的火苗，所以有人說，把凱因斯（J. M. Keynes，財政學派始祖）的頭放在傅利曼（M. Fried-man，貨幣學派代表）的身體上，才是最好的政策。這種說法比較客觀和實際，廣被各國採用。

　　財政政策的時效性較差，易受政治干擾及財政赤字束縛。在行政決策與國會討論通過之間，不免產生時間落差，當稅負及政府支出改變時，在經濟體系回應之前，也會有效率上的落後。當財政赤字偏高時，法律制定者即使在高度失業的情況下，也不願意擴張支出和降低

稅負；至於政治干擾，更容易失去理性。即便國會願意配合並通過政府公共支出預算，行政部門亦須有效控制執行進度，並把有限資源用在刀口上，不可像90年代的日本，花費1兆美元從事公共工程，可惜大部分是虛工和白費力氣，例如2,948個漁港中，2,000個漁港的建造和修繕費用卻高於漁獲所得，因而未能有效刺激經濟成長。

至於貨幣政策部分，隨著利率不斷下降，在達到一個相當低的水準時，對貨幣的需求彈性為無限大，這時貨幣政策難以刺激有效需求。日本就曾陷入這種流動性陷阱，導致金融政策失靈。另外，央行調降貼放等利率及存款準備率後，有待金融機構發揮貨幣傳導機能，讓資金流向企業及大眾，有效激勵投資及消費。遺憾的是，許多金融機構不願對企業放款，甚至還大抽銀根，影響企業正常營運。傳導通路阻塞，即使央行一再寬鬆貨幣，也只是增加資金的氾濫而已，而央行亦應避免一手放出資金，一手藉由標售可轉讓定存單等方式收回部分爛頭寸。

【摘錄：經濟日報，社論－振興經濟有待貨幣與財政工具交互作用，2001年10月5日。】

問題研討

請分別說明貨幣政策與財政政策成效的限制。

◇報導24參考答案

▌基本觀念

1. 貨幣政策（monetary policy）vs. 財政政策（fiscal policy）

(1)貨幣政策係指央行透過政策工具的操作，藉由控制貨幣數量與利

率水準等方式來達到物價與金融穩定、國際收支平衡，甚至是經濟繁榮（復甦）等目標。

A.貨幣供給增加、利率水準下降：擴張性（expansionary）貨幣政策。

B.貨幣供給減少、利率水準上揚：緊縮性（deflationary）貨幣政策。

(2)財政政策係指政府行政部門藉由公共支出的調整與稅負管理等方式來達成經濟目標。

A.擴大公共支出、減稅：擴張性（expansionary）財政政策。

B.縮減公共支出、增稅：緊縮性（deflationary）財政政策。

2. 貨幣政策的權衡論與法則論

(1)權衡論者（以凱因斯學派為代表）

A.主張中央銀行依據經濟情勢的變化，調整貨幣政策（discretionary monetary policy）。

B.價格機能無法充分發揮，遇有失業與商品總需求不足時，名目工資與一般物價水準無法向下調整（向下僵固性）。因此，主張藉由政府干預來解決失業與商品總需求不足的問題。

C.景氣低迷時採取擴張性政策以刺激商品總需求；景氣過熱時則採取緊縮性政策以抑制商品總需求。【⇨需求管理政策＝權衡性政策】

D.到了1960年代晚期，各國政府發現擴張性政策越來越難以刺激景氣、降低失業率，反而只是使通貨膨脹更為惡化。

(2)法則論者（以貨幣學派為代表）

A.主張不論經濟情勢如何變動，中央銀行都應依據事先訂定的「政策法則」（policy rule）來執行貨幣政策。

B.強調市場機能，縱使有失業與商品總需求不足的現象存在，但市場機能一定能夠讓這些問題自動解決。

C.為了防止景氣波動，中央銀行應該以法則代替權衡，根據「固

定貨幣成長法則」執行貨幣政策，將貨幣供給額的成長率固定。

　　D.在解決通膨問題上獲得成效，但是卻付出經濟衰退的代價，許多國家因而放棄貨幣學派的政策。

3. 貨幣政策傳遞機制的利率管道

　(1)凱因斯學派觀點

　　A.貨幣供給增加⇨實質利率下降⇨投資增加⇨產出（所得）提高。

　　B.上述推論中，投資包含了企業的資本財支出，以及消費者對於住宅與耐久性消費財的支出。

　(2)貨幣學派觀點

　　A.貨幣供給增加⇨ 預期物價上揚⇨ 預期通膨提高⇨ 實質利率下降⇨ 投資增加⇨ 產出（所得）提高。

　　B.理論上，即使名目利率已被貨幣當局操縱降至零時，貨幣政策仍然有效。

貨幣政策的限制

1. 流動性陷阱（liquidity trap）

　(1)一般而言，利率下降可以刺激出口、國內企業投資、民間消費，進而帶動經濟成長。但當利率極低時，所有人都認為債券等債權類金融資產價格在「高點」，故社會上沒有人願意購買債券，轉而以貨幣形式持有資金（貨幣需求利率彈性趨近無限大），企業也無法獲得資金以增加投資，擴張性貨幣政策失去對經濟的作用力，此即凱因斯所提出的流動性陷阱。

　(2)案例：

　　A.日本在1990年代發生嚴重的經濟衰退，利率一再下跌，至2000年時名目利率下降至接近零。

　　B.次級房貸風暴引發全球金融海嘯，各國中央銀行將名目利率調低以刺激景氣，美國聯邦準備理事會將聯邦資金利率目標區調降至0.25%與0%之間（2008年12月16日）。

2. 貨幣傳導成效不彰

央行調降貼放等利率及存款準備率後，有待金融機構發揮貨幣傳導機能，讓資金流向企業及大眾，以有效激勵投資及消費。然而，許多金融機構卻不願對企業放款，甚至還大抽銀根，影響企業正常營運。

3. 政策效果被抵銷

若央行在採取寬鬆貨幣措施的同時，因擔心市場資金氾濫，而藉由標售可轉讓定存單等方式收回部分爛頭寸，這將抵銷寬鬆貨幣政策的效果。

4. 貨幣政策存在時間落後（黃昱程，2014）

從經濟問題發生，到中央銀行採取貨幣政策加以因應，一直到貨幣政策對最終目標產生影響，會存在時間落後（time lag），過程中包括：認知落後（recognition lag）、行政落後（administration lag），以及影響落後（impact lag）。

▌財政政策的限制

1. 時效性較差

在行政決策與國會討論通過之間，不免存在時間落差；再則，當稅負及政府支出改變、對經濟體系產生影響前，也會有效率上的落後。

2. 易受政治干擾及財政赤字束縛

國會在審查預算及法案時，對於政府支出，往往過於挑剔，甚至失去理性；另外，當財政赤字偏高時，法律制定者即使在高度失業的情況下，也不願意擴張支出和降低稅負。政治干擾及財政赤字束縛，使行政部門處處受到掣肘，很難施展。

3. 資源運用缺乏效率與效益

即便國會願意配合並通過政府公共支出預算，行政部門亦須有效控制執行進度，並把有限資源用在刀口上，否則不僅無法有效刺激經濟成長，反而製造了一大堆沒有經濟效益的公共設施，浪費社會資源。

▍貨幣政策與財政政策施行成效的相關報導

1. 拚經濟要注重效率更要注重效益（工商時報，2008年12月1日）

   (1) 面對全球金融海嘯及經濟不景氣來襲，世界各國紛紛大手筆推出搶救經濟方案，連2008年諾貝爾經濟學獎得主保羅·克魯曼（Paul R. Krugman）亦在媒體上大力鼓吹大膽舉債救經濟。放眼所及，遭到金融海嘯或經濟衰退衝擊的各國，相繼採取了包括密集而大幅調降利率及放寬貨幣供給政策、挹注大量資金以活絡信貸市場及強化金融機構、推行退稅減稅或提供民眾消費券，以及擴大公共建設的財政刺激方案在內的各種搶救經濟策略；其中，運用政府財政手段對抗衰退，儼然已成為決策者特別偏愛的工具。

   (2) 各國政府以擴大公共建設之名投入的預算，動輒以百億千億計，項目大都集中在基礎建設如橋梁、道路、電信，以及治水、輸送水道等公共工程。這樣的做法，除了學理上有凱因斯的理論基礎，在人類的經濟發展史上也有很多成功的先例，證明可以達到增加就業、提升生活品質、增進經濟活動，進而縮短景氣循環的效益。然而，失敗的例子也很多。針對擴大公共工程提振經濟的主張，很多反對人士津津樂道的例子就是日本的經驗。1990年代，日本遭逢不景氣的嚴厲打擊，當時泡沫經濟破滅，股市房市崩盤，日本政府為了刺激景氣，動輒斥資數十億美元投入公共工程，結果不但未能阻止長達10年的經濟衰退，反而留下一堆沒有經濟效益的公共設施。

   (3) 各國政府面對來勢洶洶全球不景氣的搶救策略，固然要求效率，以免為時太遲，只留一片廢墟；但另一方面，也要講究效益，以免大把銀子的投入，非但沒有提振景氣，反而製造了一大堆沒有經濟效益的公共設施，不但浪費公帑，也製造浪費及罪惡。

2. 政府緊縮財政赤字 有礙私人投資（楊明暐，2008年12月2日）

(1)美國政府想扭轉經濟情勢，許多經濟學者呼籲實施大規模財政擴張，避免經濟快速滑落。然其他學者擔心，龐大的預算赤字會債留子孫。預算赤字對長期經濟情勢不利的說法，是建立在政府借貸會「排擠」私人投資這一信念上：政府發行大量債券，導致利率升高，令企業不願花錢添購廠房設備，結果降低了經濟長期成長率。正常情況下，這種說法很有道理。但目前情況卻一點也不正常。財政緊縮會把利率推向更低，但只會製造經濟將長期萎靡不振的預期心理。在此情況下，私人投資將減少，不會增加。

(2)經濟不景氣時採行緊縮的財政策略，會導致私人投資減少，這不只是一種假設，在歷史上兩段重要插曲中確實發生過。第一次是1937年，小羅斯福總統被當時擔憂赤字人士誤導，大幅削減政府支出，包括將工程進度管理署（WPA）預算減半，還提高稅賦。結果衰退更嚴重，私人投資急劇下降。第二次發生在60年後的日本。1996至1997年，日本政府試圖平衡預算，削減預算並提高稅賦。此舉再度引發衰退，導致私人投資大幅滑落。

(3)降低預算赤字並不必然有礙私人投資。像柯林頓在1990年代撙節開支促成投資榮景，從而使生產力增長得以復甦。小羅斯福時代的美國和1990年代的日本，實行財政緊縮之所以不妥是因為情況特殊：政府都是在面對「流動性陷阱」時緊縮開支。在此情況下，金融當局已盡可能降低利率，但經濟仍持續低迷。我們今天便處在同樣的陷阱裡，這時候擔心赤字是搞錯狀況。

(4)長遠而言政府就跟私人一樣，必須做到收支平衡。不過我們現在面臨私人支出嚴重不足，消費者重拾節儉的美德，企業也縮減投資。這個缺口終將閉合，但在那之前，政府支出必須挑起責任，否則私人投資乃至整個經濟將進一步下降。總之，認為今天實施財政擴張會危害下一代的人，全然搞錯了。對這一代和下一代來說，最好的行動方案是竭盡所能，讓經濟走上復甦的道路。

▌資料來源

1.工商時報，社論－拚經濟要注重效率更要注重效益，2008年12月1日。

2.黃昱程，貨幣銀行學（第四版），臺北：華泰文化事業股份有限公司，2014年1月。

3.經濟日報，社論－振興經濟有待貨幣與財政工具交互作用，2001年10月5日。

4.楊明暐（摘譯），《保羅‧克魯曼專欄》政府緊縮財政赤字 有礙私人投資，中國時報，
　2008年12月2日。

人口快速老化將迫使全球利率上升

　　美國在1980年代，曾因為油價上漲、聯準會緊縮貨幣，以及前總統雷根擴大國防支出，並採取供給面經濟學派的建議，大手筆減稅，造成聯邦赤字不斷上升，大舉推升美國利率。美元也因資金流入而持續升值。高利率與高幣值反過來打擊美國出口競爭力，經常帳赤字因而大增。但雙重赤字局面很難長久維持，1980年代後期美元持續大幅貶值，並造成新臺幣大升值，迄今仍令人印象深刻。

　　近期隨著美國財政惡化速度加快，過去歷史是否會再重演呢？在2000年布希總統上任之時，當年聯邦預算盈餘占國內生產毛額（GDP）逾2%，但2002年10月至2003年9月的會計年度，聯邦政府財政赤字高達3,700餘億美元，占GDP的3.5%，比老布希總統卸任前的2,900億赤字更大。當然這段期間美國經濟規模增加逾五成，雖然赤字占GDP之比，美國並不比其他工業國高太多，但由於伊拉克戰爭短期尚難結束，小布希所提出的減稅方案，也逐步生效，美國財政部估計，2004年美國聯邦政府赤字將突破5,000億美元，占GDP的比重達5%。在此同時，美國對外貿易赤字亦逐年擴大，估計2003年也會超過5,000億美元。因此美國雙重赤字問題的嚴重性，比老布希時代更嚴重，甚至已與雷根時代不相上下。

美國雙重赤字很難解決的一個長期結構性因素是美國人口老化速度相當快。二次大戰之後25年，美國出現嬰兒潮現象。該時期出生的嬰兒總數高達7,500萬人。這些人如在60歲開始退休，則2005年就會開始出現退休潮。美國各級政府及社會安全體系的支出將明顯增加。在嬰兒潮世代逐步轉變、進入老年潮之後，美國國內勞動供給將減少，儲蓄率、投資率、經濟成長率均將下降，貿易赤字與財政赤字則呈長期擴增之勢，最終美元利率將自谷底回升。

　　前述對美國經濟的長期分析，其實也適用在其他先進工業國家，以及包括我國在內的新興工業化國家。日本在二戰之後也出現嬰兒潮，實際上日本人口老化的程度比美國還高，且日本財政赤字問題也比美國更嚴重，但因日本的國民儲蓄率比美國高出10%以上，故日本政府可向國內大眾借錢支應赤字，日本也未發生逆差，日圓利率仍維持低檔。但美國儲蓄率遠低於其他國家，必須靠外國資金挹注，除非美國技術進步與勞動生產力持續獲改善，否則美元貶值與利率上揚壓力將揮之不去。

【摘錄：工商時報，社論－人口快速老化將迫使全球利率上升，2003年10月23日。】

問題研討

　　造成美國利率水準終將自谷底回升的原因為何？又為何日本的利率水準仍可維持在低檔？

❖報導25參考答案

▍基本觀念

1. 供給面經濟學派（supply-side economics）的觀點
   (1) 當稅額（稅率）較高時，透過減稅可以刺激民眾工作意願。
   (2) 隨著民眾工作意願提高與所得增加之後，政府徵收到的稅收不但不會減少反而會增加。

2. 資金供需市場
   (1) 資金的供給（來源）：國民儲蓄（包括公部門儲蓄與私部門儲蓄）。
   (2) 資金的需求（用途）：國內投資（購買國內資本財）、國外投資（購買國外資本財）。
   (3) 資金的價格：利率（實質利率）水準。

3. 雙赤字（twin deficits）－貿易赤字（trade deficit）與財政（預算）赤字（fiscal deficit / budget deficit）
   (1) 貿易赤字：一國財貨與服務的輸出金額小於其財貨與服務的輸入金額，亦即出現「貿易逆差」（或稱作「入超」）。
   (2) 財政（預算）赤字：政府部門的收入（主要是稅收）小於其支出，亦即政府財政收支出現入不敷出的情況。
   (3) 財政赤字與貿易赤字的關聯。
   政府財政赤字⇨國民儲蓄（公部門儲蓄）減少⇨資金供給減少⇨實質利率上揚⇨國內投資減少、國外資金流入⇨本國貨幣升值⇨出口減少、進口增加⇨貿易赤字。

▍美國利率水準將自谷底回升的原因

1. 人口結構快速老化。
   (1) 二戰後嬰兒潮人口於2005年開始出現退休潮之後，除了使得美國

國內勞動供給減少、造成廠商投資率與經濟成長率下降之外，當高齡化人口正逐漸消耗其儲蓄時，亦將造成儲蓄率下降。

(2)當美國儲蓄率遠低於其他國家，而必須靠外國資金挹注時，除非美國技術進步與勞動生產力持續獲得改善，否則美元貶值與利率上揚壓力將揮之不去。

2.財政赤字與貿易赤字呈現長期擴增的趨勢。

(1)隨著二戰後嬰兒潮人口於2005年之後陸續退休，美國各級政府及社會安全體系的支出將明顯增加，造成美國政府財政負擔沉重、財政赤字問題日益惡化。

(2)嚴重的財政赤字除了將大舉推升美國的利率水準外，美元也因資金流入而持續升值，造成美國出口競爭力受創、貿易赤字大增。

高齡化人口結構下日本利率水準仍可維持在低檔的原因

儲蓄率高且未出現貿易逆差：

日本在二戰之後也出現嬰兒潮，實際上日本人口老化的程度比美國還高，且日本財政赤字問題也比美國更嚴重，但因日本的國民儲蓄率比美國高出10%以上，故日本政府可向國內大眾借錢支應赤字，且日本也未發生貿易逆差，故日本的利率水準仍可維持在低檔。

財政赤字與貿易赤字所造成影響的相關報導

1.5年後日本恐成財政／經常帳雙赤字國家（賴宏昌，2015年2月10日）

(1)日本2015會計年度主要預算赤字預估達16.4兆日圓，赤字GDP占比達3.3%，較原先預期高出10個基點，主要是受到原定在2015年10月實施的第二階段消費稅率調漲順延至2017年4月實施的影響。

(2)日本國債餘額已超過1千兆（quadrillion）日圓（相當於8.4兆美元），但其公債殖利率是全球第四低，關鍵之一在於外資持有的日本公債（JGB）比重僅達8.9%（截至2014年9月底止）。作為對照，外資持有美國公債比重則是高達48%。至於經常帳部分，

2014年日本經常帳盈餘年減18.8%至2.6266兆日圓，創1985年開始統計以來新低，連續第四年呈現下滑。

(3)一個擁有財政、經常帳雙赤字的國家是很容易碰到資金快速外流的危機。隨著嬰兒潮世代自2015年起開始大量退休並動用儲蓄，日本國內的JGB買盤可能隨之縮減，加上日本經常帳可能在2020至2025年間轉為常態性赤字，預估外資占比將會升高，進而埋下JGB殖利率飆漲的伏筆。

2.財政問題比貨幣政策更重要（工商時報，2015年9月8日）

(1)2015年是臺灣的「銀色海嘯元年」，代表族群就是國民政府在1949年遷臺，當年出生的首年戰後嬰兒潮全數年滿66歲，正式退休。1949年之前，臺灣每年出生的嬰兒數大約在8萬人上下，但是之後出生的嬰兒暴增到20萬人，正式跨過退休門檻的人數因此暴增。從2015年開始，退休嬰兒潮人數如潮水般湧現，而1954年之後每年出生者均超過30萬人，估計未來10年，將會有超過350萬人正式成為退休族。

(2)龐大的退休人口給財政帶來無比的壓力，因為他們絕大多數將因為沒有勞動所得而大幅減少、甚至停繳個人綜合所得稅，各種退休基金的保費也從繳付者轉為領取者。另外在醫療健保上的支出也會顯著增加，如此龐大的族群從生產者轉換為退休者，造成銀色海嘯的衝擊，先是在經濟面的生產與消費上大幅衰退，繼之在財政上造成政府財政負擔暴增，而在社會層面則因為退休族已經貢獻一生，政府除了必須給予老人各種尊崇與優惠，更必須肩負起老人長期照護的責任。

(3)臺灣真正迫在眉睫的挑戰，正是人口急遽老化、銀色海嘯大浪潮下，所引發生產與消費同步下滑、財政負擔惡化、老人長照需求暴增的問題，這些根本的問題如果不處理，所有的振興經濟與股市護盤措施，都只是擦脂抹粉的表面功夫而已。

▌資料來源

1.工商時報，社論－人口快速老化將迫使全球利率上升，2003年10月23日。

2.工商時報，社論－財政問題比貨幣政策更重要，2015年9月8日。

3.賴宏昌，慢動作危機！5年後日本恐成財政／經常帳雙赤字國家，MoneyDJ新聞，擷取自 MoneyDJ理財網：http://goo.gl/QzsBQ6，2015年2月10日。

新聞時事測驗

請根據以下報導內容回答第1~5題：

　　備受矚目的蘋果手機iPhone 6 / 6 Plus於2014年9月26日凌晨起在臺開賣，全臺果粉自三天前在各地門市和電信業者首賣會場排隊，最長排上63小時，開賣前已有上千人排隊，預估當天將可賣出超過5萬支。各家電信業者也紛紛推出搭配iPhone 6 / 6 Plus的資費專案，藉以拉抬4G門號申裝潮。

　　另外，媒體記者在走訪西門町賣場時發現，官網上售價29,500元的iPhone 6 （128GB），水貨價竟高達40,900元，而官網上售價32,900元的iPhone 6 Plus（128GB），水貨也要42,900元。

【摘錄：蘋果日報，iPhone6撲黑開賣 果粉排63小時，2014年9月26日。】

1. 下列何者並非臺灣目前的4G LTE行動通信業者？

　　（A）中華電信

　　（B）遠傳電信

　　（C）臺灣大哥大

　　（D）臺灣之星

　　（E）全球一動

2. 下列何者<u>不屬於</u>行動通信業者所採取的價格競爭策略？

（A）增建基地臺以提升訊號覆蓋率

（B）網內互打免費

（C）搭配特定資費方案可享購機優惠

（D）攜碼移入用戶可享通信費優惠

（E）月租費可抵通信費

3. 下列關於「排隊」現象的解讀，何者錯誤？

（A）可創造出消費者一窩蜂追逐的從眾效果

（B）可能是店家的宣傳行銷手法

（C）商品可能出現供不應求

（D）排隊是一種有效率的資源分配方式

4. 「水貨」指的是

（A）仿冒品

（B）福利品（整新品）

（C）免稅品

（D）平行輸入商品

（E）走私商品

5. 蘋果（Apple）公司iPhone系列智慧型手機所搭載的作業系統是

（A）Android

（B）iOS

（C）Windows Phone

（D）BlackBerry OS

請根據以下報導內容回答第6~9題：

　　臺灣高鐵公司預計2014年10月正式提報財務改善方案，若政府與五大股東無法達成共識，或在立法院闖關失敗，導致方案宣告破局，高鐵很快就會因為營運收入、資產不足抵償負債、累計虧損過大，甚至現金流量不足，走上破產而由政府強制收買的地步。

　　截至2013年底為止，臺灣高鐵公司負債高達4,575億元，累計虧損達521億元。一旦臺灣高鐵公司破產，政府將斥資3,900億元買回高鐵，高達1,050億的回饋金也無法取回，政府及高鐵股東將面臨1,200億元的鉅額損失，形同政府求償無門、股東血本無歸，落入兩敗俱傷局面。

【摘錄：林淑慧，高鐵強制回收　國庫須付3,900億，工商時報，2014年9月29日；林淑慧，新聞分析－高鐵破產　後果難以想像，工商時報，2014年9月29日。】

6. 臺灣高速鐵路的發展是採取由民間機構參與公共建設中的何種模式來推動？

　（A）BOT（Build-Operate-Transfer）

　（B）BTO（Build-Transfer-Operate）

　（C）OT（Operate-Transfer）

　（D）BOO（Build-Own-Operate）

　（E）ROT（Rehabilitate-Operate-Transfer）

7. 下列何者並非臺灣高鐵公司的五大原始股東？

（A）大陸工程

（B）中華開發信託公司

（C）東元電機

（D）太平洋電纜

（E）富邦金控

（F）長榮集團

8. 下列何者不是臺灣高鐵公司陷入營運困境的原因？

（A）運量評估失當導致財務規畫失準

（B）高財務槓桿操作造成財務負擔沉重

（C）龐大的折舊攤提費用

（D）設站數過少

9.「高鐵大到不能倒（too big to fail），政府基於公共利益不得不出手挽救」，這句話反映出什麼問題？

（A）肥貓問題

（B）代理問題（agency problem）

（C）逆選擇（adverse selection）

（D）道德風險（moral hazard）

請根據以下報導內容回答第10~11題：

頂新集團黑心油事件爆發後，引發全民憤慨，全面抵制頂新集團商品的行動持續擴大，甚至銀行團也開始暫緩或中止頂新集團的授信案。金管會主委在談論銀行落實社會責任時表示，沒有良心、沒有誠信的企業，在臺灣沒有存在的價值，希望國內銀行不要再貸放給這種無誠信的企業。

【摘錄：彭禎伶，曾銘宗：沒誠信的企業 沒有存在價值，工商時報，2014年10月23日。】

10. 基於金融機構履行社會責任之考量，我國銀行公會新修訂的授信準則中增訂會員銀行在辦理專案融資審核時，宜審酌借款戶是否善盡環境保護、企業誠信經營及社會責任之條文（§20 II），請問此增訂條文係秉持何種原則的精神？
   （A）安全性原則
   （B）流動性原則
   （C）收益性原則
   （D）赤道原則

11. 下列何者不屬於企業社會責任（Corporate Social Responsibility, CSR）？
   （A）員工人身安全
   （B）環保與公益回饋
   （C）產品責任
   （D）成長與獲利

請根據以下報導內容回答第12題：

不是想著當「世界最好的企業」；而是要當「對世界最好的企業」。

美國7年前開始推動「B型企業」，由一群想運用企業力量改變世界的人們所組成，創造出一種可以同時服務社會與滿足股東獲利的公司，如今已成功帶動國際一項新運動，重新定義甚麼叫做成功的企業。企業除了要賺取利潤追求永續經營，同時必須關心環境、員工和社會的權益，正視公平正義，並且運用商業力量解決當前社會和環境的問題，支持社會公益，發揮正面的社會影響力。

B型企業是目前世界具影響力的社會型企業認證機構，幫助消費者分辨哪些企業致力於「改變社會」，讓投資者獲利的同時能改變社會和環境。目前有超過1,000家企業加入，遍布全球33個國家。

【摘錄：劉德鈴（譯），B型企業新趨勢，擷取自CSRone永續報告平台：http://goo.gl/h9pS8X，2015年9月15日。】

12. 下列何者係指「B型企業」？

（A）Benefit Corporation

（B）Brand Corporation

（C）Benevolent Corporation

（D）Benchmark Corporation

13. 2014年9月19日（美東時間）在美國紐約證券交易所上市，在確定
    承銷價68美元後，集資額218.7億美元已創下美國IPO紀錄，而當日
    收盤價93.89美元，較承銷價大漲38%，市值也一舉衝上2,314億美
    元，在全球科技巨擘中僅次於蘋果、谷歌及微軟的是中國大陸哪一
    家電子商務企業？

    （A）新浪微博（Sina Weibo）

    （B）百度（Baidu）

    （C）阿里巴巴（Alibaba）

    （D）騰訊（Tencent）

    （E）京東商城（JD.com）

14. 勞動部日前召開基本工資審議委員會，確定2015年7月起，基本工
    資由現行月薪19,273元、時薪115元，分別調整至＿＿＿＿＿＿；
    預估約有186.78萬名勞工（含外勞31萬人）受惠。

    （A）月薪19,582元、時薪117元

    （B）月薪19,887元、時薪119元

    （C）月薪20,008元、時薪120元

    （D）月薪21,000元、時薪125元

15. 美國人力資源網站「CareerCast」（http://www.careercast.com）根據其
    2014年的職業評等報告（2014 Jobs Rated report），並參考美國勞工
    部勞動統計局（the U.S. Bureau of Labor Statistics, BLS）的資料，於2014
    年7月間公布其所評估的10大「瀕臨絕種」職業（Most Endangered
    Jobs of 2014）。下列何者並非其所列為「瀕臨絕種」的職業？

    （A）郵差

    （B）報社記者

    （C）數學家

    （D）旅行社員工

（E）印刷工

（F）伐木工

16. 華碩電腦董事長施崇棠先生於2014年6月7日受邀在臺灣大學畢業典禮中致詞時，勉勵畢業生應培養自己具備跨越科技、管理與藝術能力的何種類型人才？

（A）「T型」人才

（B）「I型」人才

（C）「X型」人才

（D）「π型」人才

17. 《多益情報誌》（*TOEIC OK News*）曾採訪過各大企業人資主管，並歸納整理出跨國人才所需具備的五大能力。請問下列何者並非此五大能力之一？

（A）語言力

（B）複合專業力

（C）領導力

（D）模仿力

（E）溝通協調力

（F）跨文化力

18. 《經濟學人》雜誌於2013年4月曾刊出一篇名為〈失業世代〉（*Work and the young: Generation jobless*）的社論，文中提到全球年輕人失業日益嚴重，高達3.11億人，等同美國總人口數。該文引用OECD統計資料指出，先進國家中有2,600萬15歲至24歲的年輕人沒有工作、未接受教育或培訓，且自從2007年以來，沒有工作的年輕人數目成長了30%。請問社會上將「沒有工作、未接受教育或培訓」的族群稱作

（A）飛特族（Freeter）

（B）尼特族（NEET）

（C）頂客族（DINK）

（D）草莓族

（E）月光族

19. 有鑑於大蒜價格崩盤幾乎三年一輪，農委會決定祭出新政策，自2014年9月起改採「產地配額」登記制，藉此控管每年蒜頭產量以避免蒜價再度崩盤、蒜農血本無歸。請問下列哪些情形<u>不會</u>造成國內蒜價崩盤？（複選）

（A）國內消費者支持國產大蒜並直接向產地蒜農購買

（B）蒜頭市場行情好導致蒜農搶種並造成生產過剩

（C）蒜頭盤商自國外進口低價大蒜

（D）農委會對蒜農進行產銷輔導

（E）國內大蒜需求驟降

（F）地區農會介入市場進行收購、儲存

20. 立法院於2014年5月間通過號稱史上最大加稅案的《財政健全方案》，財政部預估每年將增加633億元稅收挹注國庫。請問下列何者<u>並非</u>該方案的內容之一？

（A）銀行業及保險業營業稅率從2%恢復至5%

（B）綜所稅率級距自現行五級調至六級，所得淨額超過1,000萬者，適用45%的稅率

（C）兩稅合一股利扣抵率由100%扣抵降為50%

（D）復徵證所稅

21. 我國現行所得稅法14-2條中規定,自2015年1月1日起,凡我國境內居住之個人出售上市、上櫃或興櫃股票等證券,其一年度出售金額合計超過10億元者,應就超過10億元之金額部分,依5‰計算證券交易所得額,並按20%之稅率分開計算應納稅額,不併計綜合所得總額。此條文內容被輿論及媒體稱作證券交易所得稅的
    (A) 大戶條款
    (B) 肥咖條款
    (C) 肥貓條款
    (D) 落日條款

22. 2002年時,政府推計人口負成長約發生在2028年,2012年的推計則已提前至2026年,2014年8月的推計又再度提前至2022年。下列何者不是造成臺灣人口負成長提前到來的原因?
    (A) 實質薪資持續倒退
    (B) 生育率持續下滑
    (C) 人口結構高齡化問題持續惡化
    (D) 經濟發展持續走向衰退
    (E) 所得分配不均、貧富差距持續擴大

23. 當前臺灣整體就業市場除了存在著勞動參與率量的萎縮之外,另外還面臨「晚入早出」及「高出低進」的兩大挑戰。下列何者並非此兩大挑戰的內容?
    (A) 年輕人受教育時間拉長,延緩進入職場的時間
    (B) 大量的軍公教人員競相提早退休
    (C) 技術人才外流日益嚴重
    (D) 近年引進的人力以外籍看護和勞工為主
    (E) 自國外延攬的白領階層及經濟移民搶奪國人的工作機會

24. 行政院毛治國院長在擔任副院長期間，曾對「過度教育投資」與「就學時間過長」等現象表示憂慮，並呼籲調整此一觀念，建立終身學習制度。下列何者並非「過度教育投資」可能造成的影響？
    （A）勞動力短缺
    （B）首度投入職場勞動者年齡下降
    （C）低度就業（underemployment）
    （D）高等教育投資報酬率下降
    （E）浪費教育資源

25. 2014年10月16日倫敦布蘭特11月原油期貨價盤中跌深到每桶82.72美元，觸抵2010年11月以來的4年新低，與2014年6月間的116美元高點相比，跌幅逾20%。下列何者並非造成當時油價下跌的原因？
    （A）中國大陸經濟成長趨緩
    （B）石油輸出國家組織（OPEC）成員國之間為了爭奪市場而展開價格戰
    （C）石油輸出國家組織（OPEC）成員國之間達成減產協定
    （D）美國頁岩油產量增加
    （E）利比亞恢復石油出口

26. 下列何者並非油價下跌可能造成的影響？
    （A）有助於緩和物價上漲壓力
    （B）可提振經濟成長
    （C）有利於航空產業股價上揚
    （D）有助於擺脫通貨緊縮的困擾
    （E）有助於舒緩緊縮貨幣的壓力
    （F）民眾實質所得提高

27. 2014年7月23日復興航空班機於澎湖馬公機場發生空難，造成多人死傷。不過，根據《保險法》的規定，即使父母用信用卡幫小孩所購買的機票中有附加旅遊平安險，但只要小孩未滿15歲，就無法領取旅遊平安險的死亡給付。請問此法令上的限制係基於什麼考量？

（A）風險自承

（B）風險轉嫁

（C）風險規避

（D）道德風險

28. 交通部高公局於2014年8、9兩月試辦國道5號高速公路「例假日差別收費」措施（尖峰加價、離峰減價的國道計程差別費率）。然而，試辦結果發現無論尖峰或離峰時段，轉移車潮的幅度都相當有限，不少民眾抱怨國5加價依舊塞到爆。下列何者並非此措施實施成效不彰的原因？

（A）尖離峰費率差距不顯著

（B）國道5號高速公路之交通特性偏向於觀光旅遊旅次、用路人對國道5號高速公路需求的價格彈性較小

（C）鼓勵民眾搭乘大眾運輸工具的宣導未見成效

（D）國道5號高速公路車流量比道路設計容量多出甚多

（E）未另外搭配「高承載管制」措施

29. BBC中文網引述環球銀行金融電信協會（SWIFT）公布的資料指出，人民幣（Chinese Yuan Renminbi, CNY）於2014年12月市場占有率達到2.17%，晉身全球第五大常用支付貨幣。下列哪一種貨幣並非該項資料所列全球前五大常用貨幣？

（A）美元（US Dollar, USD）

（B）歐元（Euro, EUR）

（C）英鎊（Pound Sterling, GBP）

（D）日圓（Japanese Yen, JPY）

（E）加元（Canadian Dollar, CAD）

30. 下列何種貨幣並未包含在目前（自2011年1月1日開始生效）的特別
　　提款權（Special Drawing Right, SDR）貨幣籃子內？

（A）美元（US Dollar, USD）

（B）歐元（Euro, EUR）

（C）人民幣（Chinese Yuan Renminbi, CNY）

（D）英鎊（Pound Sterling, GBP）

（E）日圓（Japanese Yen, JPY）

31. 2014年12月間哪一個國家的貨幣呈現跳水式重貶，讓蘋果的網路商
　　店不知該如何訂價，只得被迫暫時停止在該國的銷售？

（A）俄羅斯盧布（Russian Rouble, RUB）

（B）巴西里奧（Brazilian Real, BRL）

（C）印度盧比（Indian Rupee, INR）

（D）泰銖（Thai Baht, THB）

（E）印尼盾（Indonesia Rupiah, IDR）

32. 標準普爾道瓊指數公司（S&P Dow Jones Indices）於2015年3月6日宣
　　布，道瓊工業指數30檔成份股將進行調整，自2015年3月18日美股
　　收盤後開始，由哪一家公司取代電信業巨擘AT&T，正式納入道瓊
　　工業指數成份股？

（A）微軟（Microsoft）

（B）谷歌（Google）

（C）蘋果（Apple）

（D）英特爾（Intel）

33. 財經機構《彭博社》（Bloomberg）於2015年3月4日公布其對51個經濟體所作的「痛苦（悲慘）指數」（misery index）調查結果，痛苦指數最低的前10名幸福國家中，亞洲國家占半數，且由泰國奪冠，日本、南韓、臺灣分居三、四、五位，滑雪和巧克力天堂的瑞士則是傲視歐洲各國，排名幸福國家第二位；至於痛苦指數最大、最不幸福國家，則多以中南美洲國家居多，最不幸福國家排行前五名分別是委內瑞拉、阿根廷、南非、烏克蘭，及希臘。請問該項調查中所指的「痛苦（悲慘）指數」為何？

    （A）失業率＋犯罪率

    （B）失業率＋通貨膨脹率

    （C）房價漲幅＋股價跌幅

    （D）股價跌幅＋通貨跌（貶）幅

34. 歐洲央行（ECB）於2014年6月5日宣布實施近年首見的「負利率」措施，下列關於該措施的敘述，何者錯誤？

    （A）ECB是第一個實施「負利率」措施的主要央行

    （B）ECB係將銀行業存放在央行的隔夜存款利率從零調降至負0.1%

    （C）ECB宣布實施「負利率」措施後，德國股市DAX指數首度漲破萬點、義大利兩年期公債殖利率反向跌到歷史新低、歐元兌換美元匯價貶至四個月來最低

    （D）所謂「負利率」係指實質利率為負值

    （E）「負利率」措施屬於寬鬆的貨幣政策，目的在消弭歐元區所面臨通貨緊縮的威脅

35. 歐洲央行（ECB）繼美國、英國與日本之後，於2015年首次利率會議後（2015.1.22）宣布啟動購買政府債券的量化寬鬆措施（QE），計畫自2015年3月起，每月進行600億歐元（690億美元）資產收購，

持續到2016年9月底。下列何者並非ECB推出QE政策前後一週內曾發生的事件？

（A）瑞士央行在無預警下撤銷實施3年瑞郎兌換歐元的匯價上限（1.20瑞郎兌換1歐元）並調降利率

（B）歐元兌換美元匯價下跌至11年以來的低點

（C）投資人爭相買進歐元區國家發行的公債

（D）國際金價升破每盎司1,300美元

（E）丹麥、加拿大等國央行宣布降息

（F）歐元區國家公債價格下跌，殖利率大都降到歷史低點

36. 近期哪一個國家發生牛海綿狀腦病（俗稱狂牛症）新案例，我國食品藥物管理署宣布自2015年2月22日起暫停受理該國牛肉及相關產品報驗，直到該國提出足夠安全證明？

（A）加拿大

（B）美國

（C）澳洲

（D）紐西蘭

37. 國內兩家被接管的問題壽險公司國寶人壽、幸福人壽於2015年3月23日標售，經過三輪出價及議價後，由哪一家壽險公司以安定基金彌補303億元，一口氣承受國寶及幸福人壽1,000億元左右的資產，預計8月交割？

（A）國泰人壽

（B）富邦人壽

（C）中國人壽

（D）南山人壽

（E）新光人壽

（F）三商美邦人壽

38. 中信金控於2015年5月12日傍晚發布訊息表示，擬以股份轉換方式將哪一家保險公司納為百分之百持股子公司？

　（A）幸福人壽

　（B）臺灣人壽

　（C）全球人壽

　（D）三商美邦人壽

39. 以票券為主體、目前金控集團旗下沒有銀行子公司，而於近期（2015年6月15日至8月3日）即將進行公開收購三信商銀流通在外普通股，創下金管會重啟市場公開收購以來首例的是哪一家金控公司？

　（A）華南金控

　（B）元大金控

　（C）開發金控

　（D）國票金控

　（E）日盛金控

40. 我國金管會於2015年8月中旬發布「工業銀行申請變更登記為商業銀行審核要點」，此要點是為了要讓全臺最後一家工業銀行可直接轉制為商業銀行而量身訂做，工業銀行從此將走入歷史。請問這全臺最後一家工業銀行為何？

　（A）交通銀行

　（B）臺灣工業銀行

　（C）中華開發工業銀行

　（D）臺灣土地銀行

　（E）全國農業金庫

41. 元大金控於2015年8月13日宣布，將以總金額565億元併購哪一家銀行100%股權？

　　（A）大眾銀行

　　（B）遠東銀行

　　（C）安泰銀行

　　（D）板信銀行

　　（E）日盛銀行

42. 金管會於2015年3月31日核定放寬股市漲跌幅度乙案，提前於2015年6月1日實施，較原先規劃時程提前兩個月。請問：臺股實施25年以來（自1989年11月11日起）的7%漲跌幅限制將放寬至

　　（A）10%

　　（B）15%

　　（C）20%

　　（D）無漲跌幅限制

43. 下列何者為中國大陸近期所發起並主導籌設的大型國際組織，其中參與籌設的發起國家總數已逾50個？

　　（A）亞洲基礎建設投資銀行（Asian Infrastructure Investment Bank, AIIB）

　　（B）上海合作組織（The Shanghai Cooperation Organization, SCO）開發銀行

　　（C）金磚國家開發銀行（The New Development Bank, NDB）

　　（D）歐亞開發銀行（Eurasian Development Bank, EDB）

　　（E）亞洲開發銀行（Asian Development Bank, ADB）

44. 「股市是經濟的櫥窗！」這句話意味著在景氣循環過程中，「股票價格」這個經濟變數是屬於
    （A）領先指標
    （B）同時指標
    （C）落後指標
    （D）擴張指標

45. 當一國經濟發展處於景氣循環中的衰退階段時，通常會觀察到該國的企業獲利減少、企業倒閉案件增加，以及失業率上升等現象，這代表在景氣循環過程中，「失業率」這個經濟變數是屬於
    （A）領先指標
    （B）同時指標
    （C）落後指標
    （D）擴張指標

46. 下列各項敘述中，何者屬於「需求量的變動」？
    （A）衛生紙即將漲價，趕緊採買備用
    （B）計程車費率調升，盡量減少搭乘
    （C）麵包變貴了，只好多吃饅頭
    （D）老闆加薪後，增加看電影的次數
    （E）黑心油事件爆發，外食人口減少
    （F）金融海嘯衝擊，來臺旅遊人次驟降

47. 下列何者並非造成臺灣實質薪資倒退15年的原因？（複選）

（A）經濟發展持續衰退

（B）受薪階級所分享到的經濟成長果實愈來愈少

（C）陷入通貨緊縮的困境

（D）臺灣接單、海外生產的比例迭創新高

（E）人力派遣、臨時工等非典型就業型態盛行

（F）高教低就、人力低度利用

（G）無法擺脫以代工、製造為主的產業發展模式

48. 行政院於2015年4月間通過勞動基準法修正草案，將現行雙週84小時的法定工時縮短為單週_____小時，但加班上限則是由現行每月46小時提高至每月54小時，亦即將正常工時縮短，移轉到較有彈性的延長工時。

（A）38

（B）39

（C）40

（D）41

49. 我國於2013年8月公布的「國民幸福指數」係參考哪一個組織所提出「美好生活指數」（Your Better Life Index，簡稱BLI）架構所編製？

（A）經濟合作發展組織（OECD）

（B）國際貨幣基金（IMF）

（C）聯合國（UN）

（D）世界銀行（World Bank）

（E）世界貿易組織（WTO）

請根據以下報導內容回答第50題：

　　全球股災蔓延，臺股於2015年8月21日跌破7,800點的10年線時，全球最大封測廠日月光突然宣布將自8月24日起至9月22日止，收購第三大封測廠矽品已發行普通股，每股以新臺幣45元作為對價，若以矽品2015年8月21日收盤價33.5元計算，相當於溢價34.32%收購，估計收購矽品25%股權約需花費350億元；另外，日月光並以每單位美國存託憑證（表彰矽品公司普通股5股）225元臺幣的美元現金作為對價公開收購矽品公司流通在外的美國存託憑證。

　　矽品對日月光收購表示毫不知情，業界解讀為日月光趁股災出手，且溢價率不低，投資人「應賣」可能增加，擺明是「惡意收購」。日月光則表示，透過此次公開收購取得矽品股權純屬財務性投資，不會介入矽品的經營權，因此不可能影響矽品公司員工權益。而矽品為了反制日月光公開收購，已於日前宣布與鴻海策略聯盟，並透過換股方式稀釋日月光的持股比重。

　　日月光則於2015年9月18日公告，截至當日早上10點止，公開收購矽品普通股及美國存託憑證，累計參與應賣的普通股數達156,546,720股，已超過預定最低收購數量155,818,056股、約為矽品已發行股數的5%。因超過最低的5%門檻，日月光的公開收購條件已成就。換言之，日月光已確定成為矽品主要法人股東，臺灣半導體業界首件「非合意併購」案正式成立。

【摘錄：涂志豪，日月光、鴻矽股東臨時會決戰，工商時報，2015年9月19日；潘杏惠、蒼弘慈，「官股不要賣」矽品員工憂飯碗，中國時報，2015年9月19日；洪友芳，日月光「惡意併購」矽品25%股權，自由時報，2015年8月22日。】

50. 下列何者係指「敵意併購」（或稱作「惡意併購」、「非合意併購」）？
   （A）hostile takeover
   （B）illegal takeover
   （C）reverse takeover
   （D）backflip takeover

請根據以下報導內容回答第51~54題：

　　中央銀行於2015年9月24日所召開的104年第3季理監事會議後宣布，考量國內通膨無虞，加上國內經濟成長減緩、產出缺口擴大，理監事會議一致決議降息半碼。這是央行利率連續16季維持不變後，4年來首度調整，更是2009年2月以來首見降息，調整後重貼現率、擔保放款融通利率和短期融通利率各為1.75%、2.125%及4%。

　　2008年9月至2009年2月間，央行曾因金融海嘯啟動降息，半年內7度降息。央行總裁彭淮南表示，此次降息係考量全球景氣復甦緩慢且具不確定性，多數亞洲國家出口不振，國際機構持續下修今年新興市場經濟成長預期，降息對提振景氣是有些幫助，但不如外界想像得大，不過貨幣政策有遞延效果，約1年到1年半，能重啟動能的強力工具，應屬擴張性財政政策。另外，彭總裁表示，降息的另一原因是臺灣實質利率（以一年期定存利率減去CPI年增率）很高，但經濟成長率卻低，所以央行要處理，不少經濟成長率比臺灣高的國家，如馬來西亞、印尼等，實質利率都比臺灣低。

【摘錄：呂清郎，終結16凍 央行降息半碼，工商時報，2015年9月25日；黃琮淵，景氣結冰 央行降息送暖，中國時報，2015年9月25日。】

51. 下列何者並非所謂的「央行利率」？
　　（A）重貼現率
　　（B）擔保放款融通利率
　　（C）短期融通利率
　　（D）一年期定存利率

52. 央行理監事會決議降息半碼，所謂「半碼」係指
　　（A）0.1%
　　（B）0.125%
　　（C）0.25%
　　（D）0.5%

53. 下列何者並非央行此次降息的原因？（複選）
　　（A）國內經濟成長減緩
　　（B）國內實質利率水準相對外國仍高
　　（C）全球景氣復甦緩慢且具不確定性
　　（D）因應亞洲貨幣競貶風潮
　　（E）擴張性財政政策無法收提振景氣之效

54. 下列何者不是央行降息後可能會出現的情況？
　　（A）加重資金外逃壓力
　　（B）新臺幣貶值
　　（C）持續維持寬鬆資金市場局面
　　（D）商業銀行調降存放款利率
　　（E）購屋者房貸壓力減輕
　　（F）企業籌資成本提高

55. 受到大陸經濟放緩及人民幣匯價調整的拖累，包括臺灣在內的亞洲四國被摩根士丹利證券（俗稱「大摩」）點名位居「麻煩國家」（Troubled Ten）之列。下列何者並非名列「麻煩國家」的亞洲經濟體？
（A）南韓
（B）新加坡
（C）印尼
（D）泰國

請根據以下報導內容回答第56~59題：

　　原本以為是安穩的資金避風港的政府借款，隨著苗栗縣等地方政府爆發財務危機後，已動搖了金融圈對於「政府不倒」的信念，但這也使得銀行業者更陷入維護利差與結構調整的「兩難」局面，根本的原因，還是出在市場資金太過氾濫。

　　為什麼地方政府借款一直都是銀行業者，包括公股行庫在內的貸款主力？原因有三，除了上述的政府不倒鐵律，另一原因在於資本的風險計提，三則是擴大放款量。理由二跟三，往往可收「一石二鳥」之效，因為一般而言，中央政府的政府借款資本風險計提為零，地方政府的計提權數是20%，相較於借給一般的大企業或是中小企業，必須100%計提風險權數，對銀行的資本適足性維護效果由此可見。另一方面，由於擴大放款量，在每個月底結算逾放比時，也能透過分母擴大，有效降低逾放比，可說是雙重的財務數字美化。

　　但在目前多個地方政府財政惡化的當下，過去地方政府授信這種「大補丸」的成效已不復見，取而代之的反而是銀行陷入兩難的局面。目前地方政府的資本計提權數20%尚未變動，但銀行業者之間有鑑於陸續有地方政府傳出財務危機，已經開始自行過濾，資金可去的地方已大為減少，現在又因為銀行資金過度集中在財政狀況較良好的直轄市及部分縣市政府，反導致惡性削價競爭的情形愈演愈烈。

【摘錄：朱漢崙，新聞分析－資金太氾濫　銀行陷兩難，工商時報，2015年9月25日。】

56. 下列何者並非過去銀行業者喜歡承作地方政府放款的原因？
    （A）政府部門不會倒閉
    （B）相較於對一般私人企業放款，對政府部門放款的應計提資本較低
    （C）放款利率較高
    （D）藉由擴大放款量以降低逾放比

57. 下列針對「逾放比」的相關敘述，何者錯誤？
    （A）逾放比係評估銀行獲利性的指標之一
    （B）逾放比愈高顯示銀行放款品質愈差
    （C）逾放比＝逾期放款／總放款
    （D）積欠銀行之本金或利息超過清償期三個月者即可列為銀行之逾期放款

58. 根據我國現行法律規定，2015年銀行業的資本適足率不得低於
    （A）6%
    （B）8%
    （C）10%
    （D）12%

59. 面對部分地方政府財政日益惡化的問題，下列何者並非銀行業者針對地方政府借款可能採取的因應措施？
    （A）銀行競相調降財政狀況較好的直轄市及部分縣市政府的借款利率
    （B）銀行調高財政狀況惡化縣市政府的借款利率
    （C）許多銀行不願參與債務比過高之地方政府的新借款案投標
    （D）不論債信良好與否，銀行將一律調高直轄市及縣市政府的借款利率

60. 報載Fed未如預期於上週（2015年9月17日）決議升息，顯示其對全球經濟前景看法不樂觀，尤其臺灣被視為「經濟重災區」，因此金融界認為央行本週四（2015年9月24日）召開理監事會，勢必會採取行動以提振市場信心，本週市場很可能會上演「雙率雙降」戲碼。所謂「雙率」係指
   （A）利率、匯率
   （B）經濟成長率、通貨膨脹率
   （C）物價上漲率、貨幣成長率
   （D）勞動參與率、失業率
   （E）儲蓄率、資本利得率

參考答案

1. E	2. A	3. D	4. D	5. B
6. A	7. B	8. D	9. D	10. D
11. D	12. A	13. C	14. C	15. C
16. A	17. D	18. B	19. ADF	20. D
21. A	22. D	23. E	24. B	25. C
26. D	27. D	28. E	29. E	30. C
31. A	32. C	33. B	34. D	35. F
36. A	37. A	38. B	39. D	40. B
41. A	42. A	43. A	44. A	45. C
46. B	47. AC	48. C	49. A	50. A
51. D	52. B	53. DE	54. F	55. C
56. C	57. A	58. B	59. D	60. A

實踐大學數位出版合作系列
商業企管類　PI0038

看新聞學經濟
——25則實用報導，教你活用經濟學

編　　著 / 翁志強
統籌策劃 / 葉立誠
文字編輯 / 王雯珊
封面設計 / 蔡瑋筠
責任編輯 / 杜國維
圖文排版 / 楊家齊

發 行 人 / 宋政坤
法律顧問 / 毛國樑　律師
出版發行 / 秀威資訊科技股份有限公司
　　　　　114台北市內湖區瑞光路76巷65號1樓
　　　　　電話：+886-2-2796-3638　傳真：+886-2-2796-1377
　　　　　http://www.showwe.com.tw
劃撥帳號 / 19563868　戶名：秀威資訊科技股份有限公司
　　　　　讀者服務信箱：service@showwe.com.tw
展售門市 / 國家書店（松江門市）
　　　　　104台北市中山區松江路209號1樓
　　　　　電話：+886-2-2518-0207　傳真：+886-2-2518-0778
網路訂購 / 秀威網路書店：http://www.bodbooks.com.tw
　　　　　國家網路書店：http://www.govbooks.com.tw

2016年1月　BOD一版
定價：270元
版權所有　翻印必究
本書如有缺頁、破損或裝訂錯誤，請寄回更換

國家圖書館出版品預行編目

看新聞學經濟：25則實用報導,教你活用經濟學 /
翁志強編著. -- 一版. -- 臺北市 : 秀威資訊科
技, 2016.01
　　面；　公分. -- (實踐大學數位出版合作系
列 ; 30)
　BOD版
　ISBN 978-986-326-362-3(平裝)

1. 經濟學　2. 新聞報導

550　　　　　　　　　　　　　　104027227

讀 者 回 函 卡

感謝您購買本書，為提升服務品質，請填妥以下資料，將讀者回函卡直接寄回或傳真本公司，收到您的寶貴意見後，我們會收藏記錄及檢討，謝謝！
如您需要了解本公司最新出版書目、購書優惠或企劃活動，歡迎您上網查詢或下載相關資料：http:// www.showwe.com.tw

您購買的書名：＿＿＿＿＿＿＿＿＿＿＿＿＿＿＿＿＿＿＿＿＿＿＿＿＿

出生日期：＿＿＿＿＿年＿＿＿＿＿月＿＿＿＿＿日

學歷：□高中 (含) 以下　　□大專　　□研究所 (含) 以上

職業：□製造業　□金融業　□資訊業　□軍警　□傳播業　□自由業
　　　□服務業　□公務員　□教職　　□學生　□家管　　□其它＿＿＿

購書地點：□網路書店　□實體書店　□書展　□郵購　□贈閱　□其他

您從何得知本書的消息？

　□網路書店　□實體書店　□網路搜尋　□電子報　□書訊　□雜誌
　□傳播媒體　□親友推薦　□網站推薦　□部落格　□其他＿＿＿＿＿＿

您對本書的評價：（請填代號　1.非常滿意　2.滿意　3.尚可　4.再改進）

　封面設計＿＿＿　版面編排＿＿＿　內容＿＿＿　文／譯筆＿＿＿　價格＿＿＿

讀完書後您覺得：

　□很有收穫　□有收穫　□收穫不多　□沒收穫

對我們的建議：＿＿＿＿＿＿＿＿＿＿＿＿＿＿＿＿＿＿＿＿＿＿＿＿＿

＿＿＿＿＿＿＿＿＿＿＿＿＿＿＿＿＿＿＿＿＿＿＿＿＿＿＿＿＿＿＿＿＿

＿＿＿＿＿＿＿＿＿＿＿＿＿＿＿＿＿＿＿＿＿＿＿＿＿＿＿＿＿＿＿＿＿

＿＿＿＿＿＿＿＿＿＿＿＿＿＿＿＿＿＿＿＿＿＿＿＿＿＿＿＿＿＿＿＿＿

11466
台北市內湖區瑞光路 76 巷 65 號 1 樓

秀威資訊科技股份有限公司　　　收

BOD 數位出版事業部

⋯⋯⋯⋯⋯⋯⋯⋯⋯⋯⋯⋯⋯⋯⋯⋯⋯⋯⋯⋯⋯⋯⋯⋯

（請沿線對折寄回，謝謝！）

姓　　名：＿＿＿＿＿＿＿＿＿　年齡：＿＿＿＿　性別：□女　□男

郵遞區號：□□□□□

地　　址：＿＿＿＿＿＿＿＿＿＿＿＿＿＿＿＿＿＿＿＿＿

聯絡電話：(日) ＿＿＿＿＿＿＿＿＿＿＿＿　(夜) ＿＿＿＿＿＿＿＿＿＿＿＿

E-mail：＿＿＿＿＿＿＿＿＿＿＿＿＿＿＿＿＿＿＿＿＿